はじめに

　古来、人類はそれぞれの地域の気候風土が生み出すフルーツや穀物を原料に、目に見えない微生物の発酵という力を借りて、さまざまな飲み物をつくり出してきました。メソポタミア文明やエジプト文明ではブドウからワインが、麦からビールがつくられ、日本には米からつくるお酒の長い歴史があります。

　現代でも、世界各地でその地域特有のお酒が、家庭の台所で手づくりされています。例えば、欧米ではリンゴからさわやかな炭酸飲料のシードルが、メキシコではパイナップルから甘い香りのテパチェがつくられます。今世紀になって復活したコンブチャも、自由な発想でアレンジが広がり、誰もが好みの味を手づくりできる発酵飲料として進化しました。

　地域に根づいたお酒の多くは、専門的な設備がなくても手づくりできるもので、アルコールはゼロ〜数％程度と低めです。酔うためのお酒というよりは、気軽なリフレッシュのための身近な飲み物として親しまれています。

　こうした伝統的なものから現代風のものまで、発酵が生み出す多彩な飲み物のつくり方を、これまで季刊『うかたま』や『別冊うかたま』でご紹介してきました。それを１冊にまとめたのがこの本です。

　特別な道具は不要で広がりは無限。あなたもぜひ自家醸造（ホームブルーイング）の世界に触れてみてください。

CONTENTS

HOME BREWING

日本では1％以上のアルコールを含む飲料を、酒類製造免許をもたずにつくると酒税法違反となります。国内でつくるときは、砂糖と果汁、麦芽や麹の量を減らすなどして法律の範囲内でお楽しみください。例えば度数5％のレシピでは、砂糖と果汁、麦芽や麹の量をそれぞれ1/5以下にすると1％以下になります。

コーラにレモネード、マッコリまで

―酵母・乳酸菌・麹の発酵ドリンク

時間をかけて、ぷくぷく、シュワシュワ。

穀物やフルーツ、ハーブを使って仕込む発酵ドリンクは、

日本だけでなく、ヨーロッパやアメリカでも、

昔から家庭でつくられてきました。

特別な道具がなくてもできる

自家製の炭酸ドリンクやお酒を紹介します。

ドリンクづくりを始める前に

● 材料について

〈 米麹 〉

市販の乾燥麹を使う。板状の場合は、手でほぐしてパラパラにしてから使う。

〈 水 〉

ミネラルウォーターならそのまま、水道水は塩素を飛ばすため1度沸騰させて冷ましたものを使う。

〈 ホエー 〉

牛乳から脂肪やカゼインなどのたんぱく質を除いた透明の液体（つくり方は右）。乳酸菌が多く含まれる。

〈 イースト（酵母） 〉

市販のビール用イーストかワイン用イーストを使う。ドライタイプは顆粒状で、封を切らなければ常温で3〜4年もつ。アドバンストブルーイングのHPほか、インターネットで入手できる。パン用イーストでも発酵するが、パンのようなにおい（イースト臭）が出やすいのでおすすめしない。レーズンなどで起こした自家製酵母も使える。

ビール用、ワイン用などさまざまな種類がある。イーストによって味や香りは微妙に変化する

● 炭酸化させる容器について

　炭酸化させるときは、発生した炭酸ガスで破裂しないよう、炭酸飲料が入っていたペットボトルを使う。ガラス瓶は使わない。

　使用する容器は、使う直前に台所用の漂白剤を薄めた液に20分以上浸して殺菌する。蓋やしゃもじ、スプーンなども同様に殺菌する。

> ### ⚠容器の破裂に注意
>
> 密閉したまま発酵が進むと、容器が破裂し失明や大けがの恐れがあります。密閉して発酵させる際は毎日2回ボトルの張りを確認し、パンパンになっていたら冷蔵庫に入れて発酵を止めてください。冷蔵庫に入れても時々張り具合を確認し、キャップをゆるめるなどしてガスを抜きましょう。

● 保温について

　「暖かい場所」とあるときは常温の部屋で毛布でくるむなどして30℃くらいを保つ。「40℃を保つ」には、段ボール箱の内側に緩衝材などを敷き、湯たんぽや電気毛布などを入れるとよい。25〜30℃では酵母が、40℃では乳酸菌や麹菌が活発になる。

夏場は、冷房を切った部屋で加温せずに段ボール箱に入れても40℃を保てる

ホエーの
つくり方

ボウルの上にザルを置き、さらし布をのせる。プレーンヨーグルトをさらしの上にあけ、そのまま冷蔵庫で一晩放置する。容器に落ちた液体がホエー。さらしに残ったものは、フレッシュチーズ。サラダなどの料理に使える。

自家製酵母の
つくり方

瓶に水100mℓと蜂蜜5gを混ぜ、オイルコートなしのレーズン50gを入れる。蓋をして暖かい場所に置き、1日に何度か振っては蓋をゆるめ、ガスを抜く。泡立ちが収まったら冷蔵庫に入れる。1瓶でイースト2gの代用になる。

発酵度合いの
確かめ方

ペットボトルは炭酸用のものを使う。炭酸ガスが十分発生すると、ボトルの側面を力を入れて押してもへこまず、パンパンになる。この状態になれば冷蔵庫に入れて発酵を止める。

炭酸ドリンク ──フルーツとハーブ・スパイスで

果物やハーブの風味をいかしたドリンクです。
イーストを加えたり、野生の酵母を利用して、アルコール発酵を促します。
自分好みの組み合わせを見つけるのも楽しいですよ。

┃ セルツァー

セルツァーとは、英語で"炭酸水"のこと。
柑橘の搾り汁を加えると、
甘みを抑えたキリッとした味になります。

（アルコール度数0〜2%）

〈材料〉1.5ℓの炭酸用ペットボトル
1本分
グラニュー糖…12g
レーズン…約10粒（細かく刻む）
好みのハーブやフルーツ*
　（今回は、ローズマリーとライム
　の搾り汁）…適量
水…1.5ℓ
ドライイースト…約0.5g

*ハーブは種類にもよるが、フレッシュがお
すすめ。フレッシュミントとライム、ドライハ
イビスカスとレモンなども合う。柑橘類は皮
ごと仕込むとやや苦みが出る。

〈つくり方〉

1　鍋にグラニュー糖と半量の水を入れて火にか
　け、グラニュー糖を溶かす。40℃以下に冷め
　たら、ペットボトルに注ぎ、イースト以外の
　材料を入れて蓋をする。

2　ボトルを激しく振ってから蓋を開け、イース
　トをふりかけ液面に浮いた状態で10分ほど
　おく。

3　軽く振って撹拌し、残りの水をボトルいっぱ
　いまで注いだら、蓋をきつく閉め暖かい場所
　に1〜3日おく。

4　ペットボトルを指で押してみて、パンパンに
　膨らんでいたら冷蔵庫に入れて発酵を止める。
　⚠ 容器の破裂に注意（p6）

◎冷蔵庫で2週間ほど保存できる。

「酵母」のはたらきで炭酸・アルコールができる

　酵母は糖度の高い果物の皮などに多くす
む微生物で、水中など酸素のない状態で
は糖を分解してアルコールと炭酸ガスをつ
くります。容器を密閉すると、炭酸ガスが
液体に溶け込んでシュワシュワになります。
発酵ドリンクを仕込む際は市販のイースト

を加えますが、テパチェ（p10）はパイナッ
プルについた野生の酵母を利用しています。
　酸素がある状態では、酵母は呼吸をして
数を増やします。イーストを加える前にボ
トルを振るのは、液中に酸素を補給して酵
母の数を増やすためです。

▎テパチェ

パイナップルの皮や芯でつくる
くらくらするほど甘い香りの
メキシコのお酒。

アルコール度数3 ～ 5%

〈材料〉1.8ℓほどの広口瓶1本分
パイナップルの皮、芯（可食部分は
使わない）…1個分（皮はよく洗い、
　　芯と一緒にざく切り）
シナモンスティック…1本
唐辛子（好みで）…1本
きび砂糖*…100g
水…約2ℓ

*きび砂糖を使うとよりコクが増す。上白糖
やグラニュー糖でもつくれる。

〈つくり方〉

1　鍋に砂糖と水を入れて火にかけ、砂糖を溶か
　す。40℃以下に冷めたら広口の瓶に注ぎ、す
　べての材料を入れてゆるく蓋をし、暖かい場
　所に置く。

2　2日ほどで細かい泡が無数に発生してくる。
　泡が出て3日たったら、ザルでこして液体を
　ペットボトルに注ぐ。蓋をきつく閉め暖かい
　場所に1～3日おく。

3　ペットボトルを指で押してみて、パンパンに
　膨らんでいたら冷蔵庫に入れて発酵を止める。
　⚠容器の破裂に注意 (p6)

◎冷蔵庫で2週間ほど保存できる。

クラフトコーラ

たくさんのスパイスに
ほろ苦いカラメルの風味が合わさって
なんだか体によさそうなコーラです。

アルコール度数0〜3%

〈材料〉1.5ℓの炭酸用ペットボトル
1本分

A ┌ グラニュー糖…300g
  │ カルダモン（ホール）…4g
  │ クローブ（ホール）…4g
  │ シナモンスティック…3本
  │ 　（軽くつぶす）
  │ レモン…1.5個（輪切り）
  └ 水…1.3ℓ
バニラビーンズ…1/2本
　（またはバニラオイル適量）
ドライイースト…約0.5g
【カラメル】
グラニュー糖…90g
水…45㎖
湯…30㎖

〈つくり方〉

1 鍋にAを入れて加熱する。沸騰したら火を止めてバニラビーンズを加え、蓋をして30分おく。

2 カラメルをつくる。別の鍋にグラニュー糖と水45㎖を入れ火にかける。沸騰してきつね色になったら鍋を回し全体を混ぜる。濃いあめ色になったら火から下ろし、湯30㎖を静かに加えて全体になじませる。

3 1に2のカラメルを注いでよく混ぜ合わせたら、ザルでこしてペットボトルに注ぐ。

4 ボトルを激しく振ってから蓋を開け、イーストを加えて10分ほどおく。

5 軽く振って撹拌し、水（分量外）をボトルの8分目まで注いだら、蓋をきつく閉め暖かい場所に1〜3日おく。

6 ペットボトルを指で押してみて、パンパンに膨らんでいたら冷蔵庫に入れて発酵を止める。
⚠ 容器の破裂に注意（p6）

◎冷蔵庫で2週間ほど保存できる。

上からピンクグレープフルーツ、リンゴ、ブドウのフェーダーヴァイザー

▌フェーダーヴァイザー

さわやかな炭酸を味わう
発酵途中のワイン。
ぶどう以外も発酵させてカラフルに。

(アルコール度数1〜5%)

〈材料〉1.5ℓの炭酸用ペットボトル1本分
果汁100％ジュース…1.4ℓ
ドライイースト…約0.5g

〈つくり方〉

1 ペットボトルにジュースを入れ、イーストを加
  えたら、ゆるく蓋をして暖かい場所に1〜3日
  おく。

2 細かい泡が無数に発生してくる。味見をして、
  好みの味になっていたら冷蔵庫に入れて発酵
  を止める。

◎冷蔵庫で2週間ほど保存できる。
◎シュワシュワ感を強くしたいときは、蓋をきつく閉め、ボト
ルがパンパンに膨らんだら冷蔵庫に入れる。
⚠ 容器の破裂に注意（p6）

乳酸ドリンク — "ホエー"を加えてまろやかに

レモネードもジンジャーエールも、
シロップを炭酸水で割るつくり方もありますが
ホエーを加えて乳酸発酵させるとマイルドでクリーミーな味わいになります。

┃ レモネード

グラスに注ぐとレモンの香りが広がる
クリーミーで甘すぎず
さっぱりとした味わいです。

(アルコール度数0 ～ 2%)

〈材料〉1.5ℓの広口瓶1本分
レモン果汁…3個分
グラニュー糖…80g（砂糖50g＋蜂
　蜜40gでもよい。全量蜂蜜にする
　と乳酸発酵しにくい）
ホエー…400㎖ (p7参照)
水…適量
（炭酸化したいとき）
ドライイースト…約0.5g

〈つくり方〉

1　瓶にレモン果汁、グラニュー糖、ホエーを入
　れてよく混ぜたら、1.5ℓになるまで水を注ぐ。
　レモンの皮を適量好みで加えると、香りが増
　しほろ苦くなる。

2　容器の口に布をかけ、輪ゴムでとめて蓋をし
　たら、暖かい場所に3～5日おく。冷蔵庫で
　冷やして飲む。

◎イーストを加えなくても、レモンの皮や果汁に含まれる酵母
でアルコール発酵することがある。

◎イーストを加えて炭酸化すると、シュワシュワとさわやかな
ドリンクになる。炭酸化するには、炭酸用ペットボトルに移し
てボトルの9分目まで水を注ぐ。イーストを加えしっかり蓋を
して暖かい場所に1～3日おき、ボトルがパンパンに膨らんだ
ら冷蔵庫に入れる。
⚠ 容器の破裂に注意 (p6)

◎冷蔵庫で2週間ほど保存できる。

ジンジャーエール

しびれるようなしょうがの風味が
ホエーでまろやかになり
コクのある味を楽しめます。

アルコール度数0.1〜2%

〈材料〉1.5ℓの炭酸用ペットボトル
1本分

グラニュー糖…80g
水…1.3ℓ
しょうが…1個
　（皮をむき、すりおろす）
レモン果汁…1個分
ホエー（p7）…100㎖
ドライイースト…約0.5g

〈つくり方〉

1　鍋にグラニュー糖と半量の水を入れて火にかけ、溶かす。40℃以下に冷めたら、ペットボトルに注ぎ、イースト以外の材料と残りの水を入れてきつく蓋をする。

2　よく振って撹拌したら、40℃に保温して3日間おく。

3　ボトルを激しく振ってから蓋を開け、イーストを加える。きつく蓋をして軽く撹拌し、暖かい場所に1〜3日おく。

4　ペットボトルを指で押してみて、パンパンに膨らんでいたら冷蔵庫に入れて発酵を止める。
　⚠ **容器の破裂に注意（p6）**

◎冷蔵庫で2週間ほど保存できる。

「乳酸菌」のはたらきで さわやかな酸味がうまれる

　乳酸菌はヨーグルトなどの発酵食品のほか、人間の皮膚、土や海などあらゆる場所にいます。今回のレシピでは、ヨーグルトからとったホエーの乳酸菌を加えました。
　乳酸菌は糖を分解して乳酸をつくります。この乳酸によってさわやかな酸味がうまれ、液体が酸性になることで雑菌の繁殖も抑えます。

麹の発酵ドリンク ――甘酒からつくる

甘酒をつくると、そこから夏においしく、つくりやすいドリンクに広がります。
イーストでアルコール発酵を促して炭酸にしたり、お酒をつくったり。
市販品でも米と麹だけの甘酒なら、次ページ以降のレシピで使えます。

▌甘酒

米の甘みでやさしい味の甘酒は
夏のスタミナドリンクです。
麹がしっかり溶けるまでおいて飲みます。

（ ノンアルコール ）

〈材料〉2ℓの広口瓶1本分
米麹…200g
炊きたてのご飯…460g
　（白米200g分）
水…200㎖

〈つくり方〉
1　炊きたてのご飯はしゃもじで混ぜて粗熱をとり、広口瓶に入れる。
2　**1**に米麹をほぐしながら加えて混ぜ、水を加えてさらに混ぜる。
3　瓶にゆるく蓋をし、保温用の段ボールに入れて40℃を保つ。1週間おくと米と麹が溶け始め、さらに1週間ほどで粥状になる。
4　味見をして甘みが増していたら、じょうごを使い、1.5ℓのペットボトルの半分〜6分目まで注ぐ。
5　ペットボトルの蓋をしっかり閉め、激しく振って撹拌し、全体を均一になじませる。

◎冷蔵庫で2週間ほど保存できる。

◎瓶からペットボトルに移すのは、撹拌と、冷蔵庫での保存が容易なため。炭酸用でなくてもよい。

さわやか甘酒

ホエーを入れると、甘みに
まろやかな酸味が加わって
口あたりが軽く、さわやかな味わいに。

(ノンアルコール)

〈材料〉 2ℓの広口瓶1本分
甘酒…200㎖
ホエー…約50㎖ (p7参照、または
　プレーンヨーグルト大さじ1)

a

〈つくり方〉

1　甘酒とホエーを広口瓶に入れ、スプーンで混
　ぜる。

2　瓶にゆるく蓋をし、保温用の段ボールに入れ
　て40℃を保つ。半日から1日で酸味が出て
　くる。

3　味見をして、甘さと酸味がちょうどよい具合
　になっていたらじょうごを使い、1.5ℓのペ
　ットボトルの半分～6分目まで注ぐ。

4　ペットボトルを激しく振って全体をなじませ
　たら、さらし布でこす (写真a)。

◎冷蔵庫で2週間ほど保存できる。

◎瓶からペットボトルに移すのは、撹拌と冷蔵庫での保存が
容易なため。炭酸用でなくてもよい。

◎固形分をこすことで、とろっとまろやかな味わいになる。

こんな飲み方もおすすめ

● **分離させて上澄みを飲む**
3でペットボトルに移したら、冷蔵庫に
入れてしばらくおく。固形分と液体が分離
する (写真b) ので、上澄みの液体だけ飲む。
透明ですっきりとした味わいになる。残っ
た固形分は濃厚な甘酒として楽しめる。

● **固形分も一緒に飲む**
3でペットボトルに移したら冷蔵庫に入れ
て冷やし、激しく振って全体をなじませた
ら、そのまま飲む。甘みが強くお腹にもた
まる。

b

▎スパークリング甘酒

シュワシュワの甘酒は
甘さ控えめ、キリッとした酸味もあり
食事とともに飲むのもおすすめです。

アルコール度数0.1〜2%

〈材料〉　1.5ℓの炭酸用ペットボトル
1本分
甘酒…1.4ℓ（またはp22のさわやか
　甘酒）
ドライイースト…約0.5g

〈つくり方〉

1　甘酒をペットボトルに入れ、イーストを加え
　　て常温に1〜3日おく。
2　ペットボトルを指で押してみて、パンパンに
　　膨らんでいたら冷蔵庫に入れて発酵を止める。
　　⚠ 容器の破裂に注意(p6)

◎冷蔵庫で2週間ほど保存できる。
◎飲むときは直前に冷蔵庫から出す。温まるとふき出すので、
冷えた状態でコップに注ぐ。

マッコリ

クリーミーなお米のサワー。
どぶろくより口あたりが軽く
お酒が得意でない人も飲みやすい。

アルコール度数3〜8%

「麹菌」がつくった糖が
酵母のエサになる

　麹菌はカビの一種で、米や麦など
に生やして発酵させると「麹」にな
ります。甘酒は、麹菌が米のでんぷ
んやたんぱく質を分解して糖やアミ
ノ酸をつくり、甘みやうま味がうま
れたものです。

　昔は野生の酵母のはたらきで酒を
つくりましたが、今回のレシピでは
市販のイーストを加えて炭酸ドリン
クやお酒にしました。でんぷんが分
解されてできた糖があるので、砂糖
は加えなくても大丈夫です。

〈材料〉500㎖の炭酸用ペットボトル
約半分
さわやか甘酒（p22・こす前の状態）
　…200㎖
ドライイースト…約0.5g

〈つくり方〉

1　ペットボトルに入れたさわやか甘酒に、
　　イーストを振りかけてゆるく蓋をする。

2　1〜3日常温においてときどき容器を
　　揺すり、固形分と液体分を軽く混ぜ、
　　浮いてきた固形分を沈めるようにする。

3　泡が出なくなったらしっかり蓋を閉め、
　　暖かい場所に1〜3日おく。

4　ペットボトルを指で押してみて、パン
　　パンに膨らんでいたら冷蔵庫に入れて
　　発酵を止める。
　　⚠容器の破裂に注意（p6）

◎冷蔵庫で2週間ほど保存できる。

◎飲むときは直前に冷蔵庫から出す。温まるとふき出
すので、冷えた状態でコップに注ぐ。

コンブチャ

── 1度つくれば何度でもできる

欧米で話題のKOMBUCHA（コンブチャ）。

昆布茶？ いいえ、昆布は関係ありません。

お茶をベースにつくる微炭酸、微アルコールの発酵ドリンクです。

美容や健康によいだけでなく、とにかくそのおいしさが人気の秘密。

お茶の風味にほのかな甘みと酸味が混ざり、

シードルやシャンパンのようなすっきりした味わいです。

しかもこれ、発酵のもとになる「スコビー」があれば、

自宅でも簡単に、繰り返しつくれちゃうのです。

この膜が「スコビー」

コンブチャってなに？

　「コンブチャ」は、砂糖入りの紅茶液に、プロバイオティクス＊のかたまりである「スコビー」を入れて発酵させた飲料で、古くから中国やロシアでつくられてきました。腸内環境や肌の調子が改善するといった健康効果が注目され、日本では1970年代に"紅茶キノコ"という名前でブームになりましたが、その後忘れられていました。欧米では近年、紅茶キノコにベリー類などのフルーツを加えて二次発酵させ、炭酸化したドリンクが「KOMBUCHA」（コンブチャ）という名前で広がり始め、現在では小規模の醸造所でさまざまなバリエーションがつくられています。語源は不明で、アメリカでつけられた造語といわれ、「昆布」や「昆布茶」とは関係ありません。

　1970年代にはやりながら忘れられた紅茶キノコが欧米ではやっている理由はおいしさ、多様性、つくる楽しさ、健康志向にあります。基本のコンブチャは紅茶キノコと全く同じですが、基本のコンブチャに酵母の出す炭酸ガスを閉じ込めて微炭酸に仕上げ、冷やして飲むことでさわやかさとおいしさが増します。ベースを緑茶にしてすっきりした味わいにしたり、好みのフルーツやハーブ、スパイスを加えて自由に自分好みの味にできるのも楽しく、糖分とイーストを追加してアルコール度数を上げることもできます。何より飲むことで体質が改善され、健康になることが最大の長所でもあります。今回は基本のつくり方とおすすめのアレンジを紹介します。

　「スコビー」はSymbiotic Culture Of Bacteria and Yeast（細菌と酵母の共生培養）の頭文字をとった略語。酢酸菌がつくったセルロースのかたまりに、乳酸菌や酵母など多くの微生物が加わってできた、セルロースゲルです。厚さは2〜20mmくらいの弾力がある半透明のマット状で、手に持っても溶けたり崩れたりしません。柿酢をつくるときに表面に張る膜と基本的な成分は同じです。インターネットなどで購入するか、市販のコンブチャから育成することもできます（詳しくはp40）。
　スコビーを1度手に入れたら、あとはどんどん紅茶液や緑茶液を追加していくだけ。何度でも繰り返しつくれます。

＊プロバイオティクス（probiotics）
　腸内フローラのバランスを改善することにより人に有益な作用をもたらす生きた微生物群のこと。
　プロバイオティクスのもつ"有益な作用"として、腸内の善玉菌を増やし悪玉菌を減らす、腸内環境を改善する、腸内の感染を予防する、免疫機能改善による感染防御・アレルギー抑制の作用、動脈硬化の予防、抗腫瘍作用、便秘および下痢症の改善、乳糖不耐症の改善、血糖値低下、LDLコレステロール低下、抗酸化作用、美肌効果など、多くの報告がある。

これが
「スコビー(SCOBY)」だ!

▌基本のコンブチャのつくり方

ベースは紅茶でも緑茶でもOK。
紅茶はコクのある、緑茶はあっさりした
味わいになります。茶葉の種類を替え、
風味の違いを楽しむのもおすすめです。

〈道具〉
3ℓ以上の蓋つき鍋
お茶パック
3ℓ以上の広口ガラス瓶
2ℓの炭酸用ペットボトル
瓶の蓋をおおう布（キッチンペーパーでもよい）
輪ゴム

1 紅茶液をつくる

鍋に分量の水とグラニュー糖を入れて加熱し、
グラニュー糖を溶かす。沸騰したら火を止め、
お茶パックに入れた茶葉を浸す。蓋をして20
分蒸らしたら、30℃以下に冷ます。

2 スコビーを入れて 常温発酵

広口ガラス瓶に冷ました紅茶液を移し、スコビ
ーとスコビー液を加えて軽く混ぜる。布をかぶ
せ、輪ゴムでとめる。スコビーの膜が液面に少
しずつ形成されるので、なるべく瓶を動かさず
液面を揺らさないようにする。

※膜が張らなくても味に変わりはないが、発酵の進み具合
が分かりづらいことと、成長を目で見る楽しみがないこと
が難点。

〈材料〉2ℓの炭酸用ペットボトル1本分
紅茶（または緑茶）の茶葉
　…16g（2gティーバッグ8個でもよい）
グラニュー糖…100g（好みで、〜200g）
水…1.8ℓ
スコビーとスコビー液*…約200㎖
＊入手方法はp40。

味見するときは、ストローをスポイト代わりにすると便利！

3 発酵を止めて冷蔵庫で熟成

室温によるが、仕込んで4日目から徐々に甘みが消え、酸味が強くなっていく。毎日味見をして、ちょうどよいと感じたところでペットボトルに移してしっかりと蓋をする。冷蔵庫に入れ、冷やして飲む。

※残ったスコビーは乾かないよう少量のコンブチャと一緒に瓶に入れ、冷蔵庫で保存する（p40参照）。

瓶の中で何が起こる？

　スコビーは、酢酸菌がつくったセルロースのかたまりに酵母など多くの微生物が集まった集合体です。紅茶液の中で酵母は糖分をエサに増殖し、炭酸ガス（二酸化炭素）やアルコール、アミノ酸、エステル（香りの成分）などを出します。酢酸菌は酵母のつくったアルコールを酢酸に変え、これが酸味のもとになります。発酵が始まると、最初は甘みが強く、だんだん酸味が強くなります。最後に密閉して冷蔵庫に入れると炭酸ガスが閉じ込められ、微炭酸になります。こうして、酵母による風味、酢酸による酸味が合わさった微炭酸飲料になります。

左は緑茶、右は紅茶をベースにしたコンブチャ

炭酸＆ハードコンブチャ

完成したコンブチャにグラニュー糖を加えると、さらに炭酸が強くなります。
イーストを加えるとハード（アルコール度数が高い）コンブチャに。

これは
緑茶ベース

これは
紅茶ベース

ハードコンブチャ

炭酸コンブチャ

▌炭酸コンブチャ

〈材料〉1.5ℓの炭酸用ペットボトル
1本分
基本のコンブチャ
(酸味が強くない状態のもの・ザル
でこす。ベースは紅茶でも緑茶でも
OK)…1.3ℓ
グラニュー糖…約9g

〈つくり方〉

1 基本のコンブチャをペットボトルに移し、グ
ラニュー糖を加え、蓋をして軽く振って混ぜ
る(写真a)。

2 しっかり蓋をして常温で2日間静置する。指
でペットボトルの側面を押し(写真b)、パン
パンになっていたら冷蔵庫に入れて発酵を止
め、冷やして飲む。

⚠容器の破裂に注意(p6)

＊写真は紅茶ベース

▌ハードコンブチャ

〈材料〉1.5ℓの炭酸用ペットボトル
1本分
基本のコンブチャ
(酸味が強くない状態のもの・ザル
でこす。ベースは紅茶でも緑茶でも
OK)…1.3ℓ
グラニュー糖…100g
┌ 水…1カップ(沸騰させて
│   冷ましたもの)
└ ドライイースト*…5g

＊ビールやワイン用。インターネットなどで
入手できる。アドバンストブルーイングのH
P(p96)でも購入できる。

〈つくり方〉

1 炭酸コンブチャのつくり方1と同じ。

2 殺菌したコップに分量の水を入れ、ドライイ
ーストをふりかける(写真c)。ラップで口を
おおって10分ほど放置し1に加え、ゆるく
蓋をする。

3 2〜3日で盛んに泡が出て(写真d)液面に泡
の層ができる。泡の上がり方がゆるやかにな
ったら炭酸コンブチャの2と同じ手順で炭
酸を強くする。

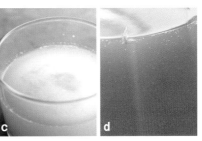

＊写真は紅茶ベース

フレーバーコンブチャ

基本のコンブチャにフルーツやハーブを加えると、香りや味、
色のバリエーションを楽しめます。フルーツの糖分によって炭酸も強まります。

〈材料〉500㎖の炭酸用ペットボトル
1本分
基本のコンブチャ
（酸味が強くない状態のもの）
　…400〜450㎖
フルーツやハーブ、スパイス
　…適量*

*今回つくったフレーバーコンブチャ
の材料は以下の通り。

a. パッションフルーツ1/4個（皮ごと）

b. オレンジ1/2個（搾る）、ライム1/4
個（皮ごとくし形切り）、唐辛子1本

c. リンゴ1/4個、シナモンスティック
1/3本

d. ラズベリー5個、スペアミントの葉
3枚

e. パイナップル1/10個、ローズマリ
ー1本

f. オレンジ1/4個（皮ごと）、バジルの
葉2枚、クローブ2個

g. ジンジャー1/4〜1/2片分、ブラッ
クベリー7個

h. パイナップル1/10個、スターアニ
ス1個、ピンクペッパー小さじ1

i. マンゴー1/4個、ピンクペッパー小
さじ1

〈つくり方〉

1　ペットボトルにフルーツやハーブ、スパイス
を入れ、基本のコンブチャをザルでこしなが
ら注ぐ。

2　しっかり蓋をして常温で2日間静置する。指
でペットボトルの側面を押し、パンパンにな
っていたら冷蔵庫に入れて発酵を止め、冷や
して飲む。

⚠ 容器の破裂に注意（p6）

◎材料を加える量は好みで、ペットボトルの2〜3割ほど。フ
ルーツはボトルの口に入るように細く切る。

◎フルーツは冷凍やドライ、果汁100％ジュース、ピューレ、
ジャムも使える。

◎フルーツだけでもおいしいが、ハーブやスパイスを加えると
フレーバーがより複雑になり、楽しさも広がる。

パッションフルーツ

オレンジ×ライム×唐辛子

エキゾチックな甘酸っぱい香り。パリパリのタネの食感もgood！

辛みとライムのビターは風味があとからカーッとくる

35

リンゴ×シナモン

ラズベリー×スペアミント

ふわっと香るシナモンが
やさしい、辛口のシード
ルのような味

ベリーらしいフレッシュ
な甘い香りに。ミントの
清涼感がマッチ

パイナップル×ローズマリー

すっきりした飲み口で甘すぎない。ほろ苦い刺激がクセになる

オレンジ×バジル×クローブ

濃厚でスパイシーな甘い香り。オレンジの清涼感ですっきり

ジンジャー×ブラックベリー

ジンジャーエールをしのぐさわやかさ！　ジンジャーの量はお好みで

パイナップル×スターアニス×ピンクペッパー

パイナップルとスパイス。エキゾチックな香りがクセになる

マンゴー×ピンクペッパー

マンゴーのやさしい甘み
をピンクペッパーの刺激
が引き立てる

コンブチャQ＆A

Q スコビーはどこで入手できますか？

A 入手方法は三つ。一番簡単なのは、通販などで購入することです。少量のコンブチャに浸った状態でパウチに入ったものが売られています。アドバンストブルーイングのHP（p96）でも販売しています。二つ目は、コンブチャをつくっている人からもらうこと。三つ目は、非加熱のコンブチャを入手して、そこから育成することです。非加熱のコンブチャ500mℓと同量の紅茶液をガラス瓶に入れ、布で蓋をして常温で約2週間動かさずにおくと、表面にスコビーができます。ただ、非加熱のコンブチャはまだほとんど市販されておらず、これも知人に分けてもらうのが前提になります。

Q コンブチャはどのくらいで飲み切るといいですか？

A 味見しておいしいと思うタイミングで冷蔵庫に入れますが、ゆっくりと発酵は進みます。そのため2〜3日すると少しずつ酸味が増していきます。強い酸味が好きな人は10日ほど、苦手な人は2〜3日で飲み切りましょう。

Q 茶葉はどんなものがいいですか？

A 紅茶はコクがあり、緑茶は比較的あっさりした仕上がりになります。緑茶（煎茶）は色が薄いので、フルーツを加えるアレンジでは色がきれいに仕上がります。紅茶はダージリンならタンニンが豊富でキリッとしまる、アールグレイならベルガモットの香りが心地よいなど、種類で味が変わります。紅茶と緑茶を1：1で混ぜてもおいしいです。ベースをコーヒーにしたコーヒーコンブチャもおすすめですよ。

Q コンブチャは繰り返しつくり続けられるって、どういうことですか？

A スコビーを紅茶液に浸して発酵させるとコンブチャができ、元のスコビーは沈み、液面には新しいスコビーができます。このスコビーに紅茶液を注いで発酵させればまたコンブチャができ…と繰り返すのです。2回目以降のコンブチャをつくる

方法は二つあります。一つは、完成したコンブチャをガラス瓶からペットボトルに移すとき、スコビーと少量のコンブチャを瓶に残しておいて、そこに紅茶液を注いで同じようにつくる方法です。もう一つは、スコビーとスコビーが浸る量のコンブチャを別容器に保存しておき（写真）、これをコンブチャをつくる際に使う方法です。どんどん新しいスコビーができるので、半永久的につくり続けられるのです。

「スコビーホテル」と呼ばれる。乾燥しないよう蓋をする。常温保存だと発酵が進み、カビも生えやすくなるので、冷蔵庫での保存がおすすめ

Q グラニュー糖以外も使えますか？

A きび砂糖や上白糖も使えます。きび砂糖は、液の色が濃くなります。

Q 冷蔵庫に入れるとき、コンブチャをガラス瓶に入れてはだめですか？

A ペットボトルを使う理由は、炭酸ガスのたまり具合が指で押せばすぐにわかり、万が一ガスがたまりすぎても、容器が破損しにくいからです。フレーバーコンブチャはフルーツの糖分で炭酸化を進めます。ガラス瓶に入れてつくる場合はガスがたまりすぎないよう2〜3日に1度は蓋を開けます。

Q 容器は殺菌したほうがいいですか？

A 瓶もペットボトルも、殺菌してから使いましょう。台所用漂白剤を規定量に希釈して容器に満たし、15分以上放置してからすすぎます。

Q 子どもも飲めますか？

A 基本のコンブチャは微アルコール（約0.5％）です。子どもや妊娠中の方、お酒が弱い方などは控えてください。

蜂蜜で発酵させるコンブチャ
▍"Jun ティー"

緑茶と蜂蜜をベースに、特別なスコビーで
つくるコンブチャ。スパークリングワインの
ような口あたりが特徴です。

砂糖を使わないコンブチャとして人気があるのが、「Jun（ジュン）ティー」です。
つくり方はコンブチャとほぼ同じで、砂糖ではなく蜂蜜を菌のエサにします。
ただ、蜂蜜には抗菌作用があり、普通のスコビーではなかなか発酵が進みません。
そのため、Junティーをつくるには、蜂蜜に強い特別なスコビーを使う必要があります。

〈Junティー用スコビーの育て方〉
緑茶ベースの基本のコンブチャのグラニュー糖を、
少しずつ蜂蜜に替えて、ほぼ4回目で100％蜂蜜に
置き換えます。

※蜂蜜は香り豊かなものを使うとよい。

（1回目）　基本のコンブチャの糖分を、グラニュー
　　　　　糖75g、蜂蜜25gにしてつくる。
　　　　　↓
（2回目）　グラニュー糖50g、蜂蜜50gにしてつくる。
　　　　　↓
（3回目）　グラニュー糖25g、蜂蜜75gにしてつくる。
　　　　　↓
（4回目）　蜂蜜100gにしてつくる。
　　　　　完成！このあとは蜂蜜100％でつくり続
　　　　　けられる。

Junティー用のスコビー

クラフトビール

―鍋ひとつでつくる

大掛かりな装置がない台所でも、材料をそろえれば、

ブルワリー（醸造所）でつくるのと遜色ない本格的なビールができます。

ポイントは、市販の麦汁を使わず麦芽の糖化から自分でやること。

通常、糖化用や煮込み用など三つの鍋を使いますが、

ひとつの鍋で、広い台所でなくてもできる方法を紹介します。

ビールってどうやってつくるの？

ビールとはなにか

　ビールの歴史はパンと同じくらい古く、古代メソポタミアでシュメール文明が栄えた頃にはすでに数種類のビールがつくられ、滋養のある薬として扱われていたことがわかっています。その後エジプトを経由してヨーロッパに伝わり、中世には「液体のパン」と呼ばれて修道院で盛んに製造されました。

　ビールはワインと違い、原料の麦をそのまま水で仕込んでも発酵しません。ワインもビールも、発酵のもとになる酵母が糖を分解してアルコールをつくります。ワインはブドウの糖をそのまま利用できますが、ビールをつくるには、麦のでんぷんを酵母が取り入れられる糖にまず変えなくてはいけません。そこで必要になるのが「糖化」の作業です。麦が発芽すると「アミラーゼ」という酵素ができます。この麦芽を砕いて湯と合わせ温度を調整すると、アミラーゼの作用ででんぷんが糖に分解されるのです。これが「糖化」です。

ビールは台所でつくれる

　ビールの材料は、「麦芽」「ホップ」「イースト（酵母）」「水」「副材料」で、工程は大きく三つに分かれます（p47参照）。これは、ブルワリー（醸造所）でも家庭でも同じです。

　家庭の台所でも、鍋ひとつで本格的なビールがつくれます。通常、麦芽から本格的なビールをつくる場合、鍋を三つ使いますが、本書では鍋を一つだけ使うBIAB（Brew in a Bag）と呼ばれる方法を紹介しています。鍋を三つ使うよりもグンと楽です。ただし、この方法だと糖分の回収効率が低くなるため、麦芽は割り増しで使います。

　手軽にビールをつくる材料として缶入りモルトエキス（麦汁から水分を飛ばして水あめ状にまで濃縮したもの）が市販されています。モルトエキスを使えば水で薄めてイーストを加えるだけでビールをつくることができます。

　ただ、麦汁を濃縮する工程や缶詰めされたあとの時間や温度の影響で、味にはどうしても限界があります。インスタントコーヒーと豆をひいていれるコーヒーの違い、濃縮還元のフルーツジュースと生ジュースの違い、と表現すればわかりやすいでしょうか。

　本書で紹介する麦芽から手づくりする方法なら、プロのブルワリーと同条件、おいしいビールづくりが可能です。すぐに仕込める状態の麦芽やペレット状になった乾燥ホップがインターネットの専門店で手に入ります。これらの材料を自在に組み合わせて、味や色、香りの違う個性的なビールづくりを楽しみましょう。

材料について

❶麦芽（モルト）
麦を発芽させ焙燥したもの。焙燥の温度によって種類が違い、糖化のために使う基本のモルトと、風味や色をつけるためのモルトを組み合わせて使う。粉砕したものがインターネットで購入できる。

ペールモルト
ベースになるモルト。酵素の力が強くこれだけでキレのよいビールができる。

ウィート（小麦）モルト
ベースになる小麦のモルト。小麦特有のやさしい酸味、やわらかさが得られる。

クリスタルモルト
深みやコク、モルトの香りが強く出る。薄い色から濃い色まで各種ある。

カラピルスモルト
厚みやコク、モルトの香りが強く出る。多く加えても色が濃くならない。

チョコレートモルト
チョコレート色まで焙燥したモルト。ブラックチョコレートを思わせる風味がある。

ブラックモルト
チョコレートモルトよりさらに焦がしたモルト。甘みが少なく、焦げ臭・苦みがより強い。

❷イースト
ビール用に市販されているものを使う。ドライタイプは顆粒状で封を切らなければ3〜4年もつ。パン用イーストはパンのようなにおいになるので使わない。

❸ホップ
ツル性の植物で、雌株につく「毬花（球果）」と呼ばれる房をビールの苦みと香りづけに使う。毬花には苦みと、じつにさまざまな香りの精油が含まれている。ホップの香りの成分は品種によって大きく異なるため、いくつものホップを使い分けたり、組み合わせたりしてビールの特徴を出していく。

ザーツホップ
マイルドで繊細、バランスのよい、わずかにスパイシーな香り。

カスケードホップ
グレープフルーツを思わせる柑橘系の華やかな香り。

ファグルホップ
枯れ葉や土のようなやさしい香り。

ハラタウホップ
マイルドで繊細、バランスのよい、花のような香り。

❹アイリッシュモス
海藻の一種。味や見た目をクリアに仕上げたいビールに加える。入れなくても風味は変わらない。同量の粉寒天で代用できる。

道具について

〈仕込みに必要な道具〉

鍋（6ℓ以上）…1個
麦芽を入れてこす袋*…1枚
発酵容器にする厚手のポリ袋
（厚さ0.08mm〜、容量5ℓ、
360×500mm以上）…1枚
シリコンチューブ**（内径約7mm、
長さ約1.5 m）…1本
炭酸用ペットボトル
　…合計4.5ℓ分
洗い桶（鍋を浸けて冷ますため。
シンクに水を張ってもいい）

〈計量、調理道具など〉

計量カップ、木べら
または玉じゃくし、温度計、輪ゴム

〈殺菌のための道具〉

台所用塩素系漂白剤…約100㎖
台所用アルコールスプレー

*麦芽をこすときの袋は目の細かい洗濯ネットなど、耐熱性のあるメッシュ地のナイロン製袋や不織布のだし袋などを使う。さらし布で袋を縫ってもいい。鍋の口にかかる大きさにする。

**シリコンチューブ。ビールは酸化すると色が濃くなり味が落ちるので、発酵容器から保存容器に移し替えるときに、できるだけ空気に触れさせないために使う。なくてもいいが、使うとよりおいしくできる。ビニール製は、曲げ癖がついているのでやや使いにくい。

ビールづくりのポイント

Point 1　雑菌の繁殖を防ぐため、麦汁を冷やしたあとビールに触れる、ポリ袋、ペットボトル、シリコンチューブはすべて殺菌する。新品は殺菌不要。

Point 2　味や香りの質が落ちるので、発酵中からできるだけ暗い場所に置くか、布をかけて管理する。

Point 3　酸化防止のため、発酵終了後はできるだけ空気を含ませない。酸化すると色が濃くなり、おいしさも早く失われる。

基本のビール

ゴールデンエール

麦芽の香りが強く、コクのあるビール。スパイスなどの副材料は使いません。
濃い黄金色が美しく、飲み応え抜群です。

GOLDEN ALE

■ビールづくりの流れ

この流れは以下のどのビールも
同じです。

(1) 麦芽を糖化させる。
↓
(2) 麦汁にホップやその他の副
材料など風味をつける素材を加
える。
↓
(3) イーストを加えて発酵させる。

〈材料〉約3.5ℓ分
水…6ℓ
❶麦芽（モルト）
┌ ペールモルト…890g
└ カラピルスモルト…60g
❷ドライイースト…3g
❸ホップ（カスケードホップ）
　…5g＋5g
❹アイリッシュモス…1g
グラニュー糖…25g
※材料の詳しい解説はp45。

1 麦芽を糖化させる ─────

*事前に鍋に4ℓの水を入れ、上から○cm
など、位置を記憶しておく。

1 6ℓの水を入れた鍋にこし袋をかけて沈め、
火にかける。72℃まで温めたら、袋に麦
芽を入れて木べらで撹拌する。

2 蓋をして20分おきに温度を測り、64～
70℃に保ちながら、1時間おく。温度が下
がったら火をつけて温度を上げる。72℃
を超えないよう気をつける。

3 袋を持ち上げてザルなどにのせ、鍋の上で
水を切る。水が切れたら袋の中の麦芽かす
は捨てる。

2 風味づけをする ─────

1 麦汁の入った鍋を火にかけ、蓋をしないで
1時間、大きめの泡がボコボコと上がって
くるくらい、比較的強めの火力で沸騰させ
る。

2 沸騰中に風味づけをする。以下のタイミン
グでホップとアイリッシュモスを加え、木
べらで撹拌する。

‑‑‑‑‑‑‑‑‑‑‑‑‑‑‑‑‑‑‑‑‑‑‑‑‑‑‑‑‑‑‑‑‑‑‑‑‑

【風味づけのタイミング】
沸騰直後：カスケードホップ（5g）
沸騰から45分後：アイリッシュモス
煮込み終了時：カスケードホップ（5g）

※ホップを2回に分けて入れるのは、沸騰直後は苦
みを、煮込み終了時は香りをつけるため。

‑‑‑‑‑‑‑‑‑‑‑‑‑‑‑‑‑‑‑‑‑‑‑‑‑‑‑‑‑‑‑‑‑‑‑‑‑

3 火を止め、液量が4ℓよりも少ない場合は
湯を加えて4ℓにする。蓋をして10分間
おく。

鍋に残った
ものが麦汁

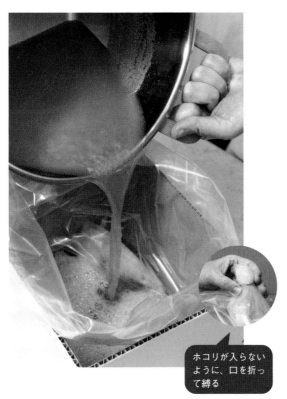

ホコリが入らないように、口を折って縛る

3 発酵させる

1 麦汁の入った鍋に蓋をし、水を張った洗い桶などにつけて25℃まで急冷する。発酵用のポリ袋に液を移し、イーストを加えて袋の口を輪ゴムで軽く縛る。

2 液温が19〜25℃になる場所に約1週間おき、液面の泡がほぼなくなったら発酵終了。その後4日ほど冷蔵庫に入れると、固形分が沈殿し味も見た目もクリアになる。冬は暖房を入れていない部屋に置いてもよい。

このまま澱を除けばビールとして飲めるが、炭酸は弱い

4 瓶詰めと瓶内発酵

1 殺菌したペットボトルにグラニュー糖を1ℓあたり7g（500㎖ボトルなら3.5g）入れる。シリコンチューブを使い、サイフォンの原理＊で発酵終了したビールをペットボトルに移し替える。このとき、袋の底に沈んだ澱（おり）を吸い上げないようにする。

2 蓋をして常温（15〜30℃）におく。2週間ほどしてボトルがパンパンに張ったら、1本だけ冷蔵庫に入れて冷やし、試飲する。炭酸が入っていたら完了。炭酸の入りが不十分な場合はさらに1〜2週間そのまま常温に放置する。1カ月以上かかることもある。

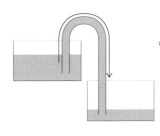

＊サイフォンの原理

チューブの中が水で満たされているとき、水が高いほうから低いほうへ流れ続ける仕組み

▌ヴァイツェン

小麦の麦芽を使う、やや白濁したビールです。
小麦独特のさっぱりとした酸味と
バナナやバニラを思わせる香りが特徴。
冷やすと、のどの乾きを癒すには最高です。

〈材料〉約3.5ℓ分
水…6ℓ
麦芽
┌ ペールモルト…475g
└ ウィートモルト…475g
ドライイースト…3g
ハラタウホップ…3g＋2g
グラニュー糖…40g

〈仕込み方〉
基本の仕込み方（p48）と同じ。
風味づけのタイミングを以下の
ように変える。

- -

【風味づけのタイミング】
沸騰直後：ハラタウホップ（3g）
煮込み終了時：
　ハラタウホップ（2g）

- -

・見た目も味も濁りを楽しむビ
ールなので、最初の発酵が終了
したら冷蔵庫に入れずに瓶詰め
する。

WEIZEN

▌ベルジャンホワイト

コリアンダーとオレンジピールの入った
ベルギーのスパイシーなホワイトビール。
小麦麦芽を加えるため、さっぱりとした酸味があります。

〈材料〉約3.5ℓ分
水…6ℓ
麦芽
┌ ペールモルト…475g
└ ウィートモルト…475g
ドライイースト…3g
ハラタウホップ…3g＋2g
コリアンダーシード…2g
　（軽くつぶす）
オレンジピール…5g
グラニュー糖…40g
※コリアンダーシードとオレンジピー
ルは、お茶やだし用の紙パックフィル
ターに入れる。

〈仕込み方〉
基本の仕込み方（p48）と同じ。
風味づけのタイミングを以下の
ように変える。

【風味づけのタイミング】
沸騰直後：ハラタウホップ（3g）
沸騰から45分後：コリアンダ
　　ーシードとオレンジピール
煮込み終了時：
　　ハラタウホップ（2g）

BELGIAN WHITE

▌チョコレートエール

コクのあるチョコレートモルトと
ココアパウダーを加えてつくります。
苦みとほのかな甘みを楽しむビールで
おつまみはビターチョコが定番。

〈材料〉約3.5ℓ分
水…6ℓ
麦芽
┌ ペールモルト…1100g
│ チョコレートモルト…50g
└ クリスタルモルト…50g
ドライイースト…3g
ファグルホップ…3g＋2g
ピュアココアパウダー…15g
グラニュー糖…40g

〈仕込み方〉
基本の仕込み方と同じ。風味づ
けのタイミングを以下のように
変える。

- - - - - - - - - - - - - - - - - - - -

【風味づけのタイミング】
沸騰直後：ファグルホップ（3g）
煮込み終了時：ファグルホップ
　（2g）、ココアパウダー

- - - - - - - - - - - - - - - - - - - -

CHOCOLATE ALE

■紅茶のビール

マイルドな苦みが、
アールグレイ茶葉の柑橘の香りと
タンニンで引き締まった
さわやかなビールです。

EARL GREY BEER

〈材料〉約3.5ℓ分
水…6ℓ
麦芽
　┌ ペールモルト…890g
　└ カラピルスモルト…60g
ドライイースト…3g
ハラタウホップ…3g＋4g
紅茶（アールグレイ）の茶葉
　　…20g＋20g*
*茶葉の半量（20g）は、沸騰した湯
200mlを注ぎ3分おいて紅茶液をつくる。

アイリッシュモス…1g
　（粉寒天で代用可、なくても
　よい）
グラニュー糖…40g

〈仕込み方〉
基本の仕込み方と同じ。風味づ
けのタイミングを以下のように
変える。

- -

【風味づけのタイミング】
沸騰直後：ハラタウホップ（3g）
沸騰45分後：アイリッシュモス
煮込み終了時：
　　ハラタウホップ（4g）

- -

・最初の発酵終了時、紅茶の茶葉
（20g）をお茶やだし用の紙パックフ
ィルターに入れて袋の中の液に浸す
（ボトルに移す際に引き上げる）。つ
くっておいた紅茶液もここで加える。

クリスマスエール

クリスマスのスパイスが上品に香る、
濃厚で重厚なビール。
長期熟成させるほど深みが増します。

CHRISTMAS ALE

〈材料〉約3.5ℓ分
水…6ℓ
麦芽
┌ ペールモルト…1300g
│ チョコレートモルト…50g
│ ブラックモルト…50g
└ クリスタルモルト…100g
ドライイースト…3g
ファグルホップ…5g＋2g
アイリッシュモス…1g
グラニュー糖…20g
【クリスマススパイス】
オレンジピール…10g
シナモンスティック…1本
┌ クローブ…3粒（約0.3g）
│ スターアニス…1/2個
└ コリアンダー…2g
　（軽く砕く）

※クリスマススパイスは、お茶やだし用の紙パックフィルターに入れる。

〈仕込み方〉
基本の仕込み方と同じ。風味づけのタイミングを以下のように変える。

- -

【風味づけのタイミング】
沸騰直後：ファグルホップ（5g）
煮込み45分後：
　アイリッシュモス
煮込み50分後：
　クリスマススパイス
煮込み終了後：
　ファグルホップ（2g）

- -

・瓶詰め後の発酵にかかる日数は、通常のビールの約2倍。2年3年と熟成して味が変わる。発酵終了から3カ月以降が飲みごろ。10年以上熟成可能でおいしくなる。

JAPANESE PILSNER

▌ジャパニーズピルスナー

米（粥）を加えてつくるピルスナービール。
米を使うことで色が明るくなり、まろやかで
やわらかいのど越しのビールになります。

〈材料〉約3.5ℓ分
水…6ℓ
麦芽
┌ ペールモルト…820g
└ カラピルスモルト…60g
米…80g（ゆるめの粥状にしておく。
　　ご飯で粥をつくってもよい）
ドライイースト…3g
ザーツまたはハラタウホップ…5g＋5g
アイリッシュモス…1g
グラニュー糖…40g

〈仕込み方〉
基本の仕込み方と同じ。最初に麦芽を湯に入
れるときに、粥も一緒に加える。風味づけの
タイミングを以下のように変える。

【風味づけのタイミング】
沸騰直後：ザーツまたはハラタウホップ（5g）
沸騰45分後：アイリッシュモス
煮込み終了時：
　　ザーツまたはハラタウホップ（5g）

▌アメリカン IPA

重厚でホップの苦みも強い IPA に、
カスケードなどのアメリカ産ホップを多く投入することで、
柑橘系の香りを格段に高めた人気のビールです。

〈材料〉約3.5ℓ分
水…6ℓ
麦芽（モルト）
┌ ペールモルト
│　…1200g
│ クリスタルモルト
└　…80g
ドライイースト…3g
ホップ（カスケード
ホップ）
　…10g＋10g＋10g
アイリッシュモス
　…1ℊ
グラニュー糖…40g

〈仕込み方〉
基本の仕込み方と同じ。風味
づけのタイミングを以下のよ
うに変える。

- - - - - - - - - - - - - - - - - - -

【風味づけのタイミング】
沸騰直後：
　カスケードホップ（10g）
沸騰45分後：
　アイリッシュモス
煮込みが終わって75℃に温
度を下げてから：
　カスケードホップ（10g）
発酵のピークになったら（液
面にできる泡の層が厚くなっ
たら）：
　カスケードホップ（10g）*

- - - - - - - - - - - - - - - - - - -

＊常温での投入になるが、ホッ
プは殺菌など不要でそのまま加
える。

▌アメリカンペールエール

ゴールデンエールの度数を少し高め、苦みも強めに。
発酵中から発酵後にホップを投入するドライホップの手法で
ホップの柑橘系の香りを強調したビールです。

〈材料〉約3.5ℓ分
水…6ℓ
麦芽（モルト）
┌ ペールモルト
│　…1000g
│ クリスタルモルト
└　…70g
ドライイースト…3g
ホップ（カスケード
ホップ）
　…5g＋10g＋10g
アイリッシュモス
　…1ℊ
グラニュー糖…40g

〈仕込み方〉
基本の仕込み方と同じ。風味
づけのタイミングを以下のよ
うに変える。

- - - - - - - - - - - - - - - - - - -

【風味づけのタイミング】
沸騰直後：
　カスケードホップ（5g）
沸騰45分後：
　アイリッシュモス
煮込みが終わって75℃に温
度を下げてから：
　カスケードホップ（10g）
発酵のピークになったら（液
面にできる泡の層が厚くなっ
たら）：
　カスケードホップ（10g）*

- - - - - - - - - - - - - - - - - - -

＊常温での投入になるが、ホッ
プは殺菌など不要でそのまま加
える。

AMERICAN IPA

AMERICAN PALE ALE

ビールの温度管理のポイント

●発酵中の温度

　ビールをよりおいしくつくる一番の
条件は温度です。室温ではなく液温が
重要です。プロのブルワリーがつくる
ビールと同じおいしさにしたいなら、エー
ル用イーストなら発酵温度（発酵中の
ビールの温度）はできるだけ20℃に近
い、低めの温度にします。温度を下げる
と雑なフレーバーの生成が抑えられ、よ
りおいしくなります。

　ただ、エール用イーストは耐寒性がな
いため、温度は19℃より下げないよう
にします。ラガー用イーストは10℃く
らいまで発酵するので、冬季はラガー用
イーストを使うことも有効です。

●液温と室温

　発酵中のビールの温度（液温）
と室温は異なります。室温が大
きく変動してもビールの温度は
あまり変動しません。また、発酵
中はイーストが出す熱で温度が2、
3℃上がります。

　事前に、発酵容器に仕込み量
と同分量の水を入れて、朝昼晩
に温度を測れば、部屋に置いた
ビールが何度になるかが大体わ
かります。また、シール式の温
度計を発酵容器に貼っておけば、
発酵中のビールの温度が簡単に
確認できます。

●熟成中はなるべく涼しく

　発酵終了後は温度をさらに下
げると、よりおいしいビールがで
きます。可能なら冷蔵庫に入れ
たり、冬なら暖房のない部屋に
置いたり、氷を使って1〜7日く
らい、19〜0℃の範囲内ででき
るだけ低い温度で冷やしてから
瓶詰めしてください（コールドク
ラッシングと呼びます）。イース
トや不要固形分の沈殿が一気に
進み、見た目も味も濁りが少ない、
クリアな、驚くほどおいしいビー
ルになります。

ホップから育てよう

ホップは、アサ科のツル性の多年草です。雄株と雌株があり、使うのは雌花につく毬花（球果）と呼ばれる部分、小さな緑色の松ぼっくりのようなところです。毬花を割ってみると中心部にルプリンと呼ばれる黄色い油脂成分が多くみられ、これがビールに苦みや香りをつけます。

栽培は比較的簡単です。自分で育てたホップで自分のビールをつくる、最高の贅沢を味わってください。

苗の入手方法

地下茎を地中に伸ばして増えていきます。ハーブ専門店や園芸店などで苗が売られていることがありますが、品種や性別（雄株か雌株か）が不明なことが多いので、「カスケード」「ファグル」などビール用のホップであることがはっきりしているものを求めましょう。海外からの通販だと通関等、面倒なことも多いので、国内でビール用に栽培している方から分けてもらうと確実です。

植え方と育て方

植えるのは3〜4月頃。太さ1〜2cmの地下茎を10〜15cmに切って、地面に植えるだけです。地植えが理想ですが大きな植木鉢やプランターでも、当面は大丈夫です。日あたりがよい場所、水はけのよいアルカリ性の土壌を好みます。苦土石灰を加えましょう。

元肥を入れ、地植えの場合は根腐れを避けるために、ウネを立てて5cmくらいの深さ、地面よりも高い位置に植えます。芽や根が出ている場合は芽を上、根を下向きにします。

上に上にと10mくらいまでツルが伸びるので、支柱やロープで誘導します。どんどん伸びるので肥料と水はたっぷりと。鉢植えでは水切れに注意しつつ、根腐れしないように表面が乾いてから水をたくさん与え、追肥も適宜行ないます。

収穫

7月中旬から9月にかけて、毬花が育ってきたら緑色が鮮やかなうちに収穫します。割ってみて、上左の写真のように中心部に黄色い油脂成分が詰まっていたら成功、おいしいビールができます。1年目は少しずつしか収穫できません。冷凍し、数がまとまったら使います。

ビールを仕込む

育てたホップは香りづけで使いましょう。苦みづけではホップの個性が楽しめません。煮込みの最後（終了の5〜0分前）に1ℓ仕込みあたり5〜20gのホップを加えます。毬花が粒のままだと成分が抽出されにくいので、凍ったまま袋の上からたたき、ばらばらにして投入します。

その他の使い方

グラスに注いだビールに手でもんだ毬花を入れたり、焼酎に漬け込んだり、ハーブティーにしたり。天ぷらもおいしいものです。ホップには鎮静・安眠作用があり、安眠枕にも使われていたようです。

シードル

──リンゴのお酒

フレッシュなリンゴの香り、すっきりした甘みと酸味、

口の中をやわらかく刺激する穏やかな炭酸。

シードルは、フランスやスペイン、イギリスなどで

昔から飲まれているリンゴのお酒です。

リンゴとイーストさえあれば、誰でも簡単に手づくりすることができます。

アルコール度数は低め。甘口も辛口もあるので、食前酒にはもちろん、

ちょっと喉が渇いたときの炭酸飲料としてもよし。

そんな自由で気軽なお酒です。

シードルとはどんなお酒？

本来の「サイダー」実はお酒

シードル（cidre）とはそもそも、フランスでの呼び名です。スペインではシードラ（sidra）、イギリスではサイダー（cider）、アメリカではハードサイダー（hard cider）といいます。日本でサイダーといえば、アルコールの入っていない炭酸飲料を思い浮かべますが、本来はリンゴを搾って発酵させたお酒のことです。

アルコール度数は通常4〜7%程度、軽めで口当たりがよいお酒ですが、材料に糖分を加えたり、途中でアルコールを加えたりすることで度数を12%ほどに高めたものもあります。仕込み方の違いで、炭酸ガスを含むスパークリング（発泡性）タイプや、スティル（無炭酸）タイプのシードルをつくることもできます。

ブドウ畑からワインリンゴ畑からはシードル

シードルの歴史は古く、2000年以上前からつくられていたといわれます。現在はフランスのノルマンディー地方とブルターニュ地方が、二大産地として有名です。フランスは"ワイン大国"と思われがちですが、ブドウよりもリンゴ栽培に適した土地では、ワインをつくるようにシードルがつくられてきました。リンゴ畑の間に点在する小さな醸造所で、それぞれ自慢のシードルがつくられ、街角の商店や食堂でも気軽に飲まれています。家で手づくりする人もたくさんいます。

シードルはワインに比べると値段も手頃で、アルコール度数が低く飲みやすいため、産地ではとくに日常的な飲み物です。ブルターニュ地方では、陶器製の"シードルカップ"で飲むのが一般的。無地や絵柄つき、大ぶりの湯のみのような形や柄がついたものなど、さまざまなものがあります。

シードルからつくるブランデー"カルヴァドス"

シードルを蒸留し、木の樽に詰めて最低5年熟成させたものを"カルヴァドス"といいます。フランスのノルマンディー地方でつくられるリンゴのブランデーです。度数はブドウのブランデーと同じ40%。口に含むと、リンゴを彷彿とさせる複雑な香りがいっぱいに広がります。原産地呼称統制（AOC）[*1]があるため、カルヴァドスと呼べるのはノルマンディー地方でつくられるものだけ。それ以外はアップルブランデーと呼ばれます。

カルヴァドスは、料理のあとの食後酒としてグラスに少し注ぎ、チーズやシガーとともにストレートで香りや味わいをゆっくり楽しむほか、暑い季節に氷を入れてロックにすると、時間とともに果実の香りや樽の甘い香りが、やわらかくたちのぼり、ゆったりした時を過ごせます。またカクテルにしたり、紅茶に合わせたりしても楽しめます。たとえばライムジュースとグレナデンシロップと一緒にシェイクする"ジャック・ローズ"は、バラの花弁のような美しい色合いが出ます。

シードルに合う料理

　シードルは軽めのビールやワインのような感覚で、できるだけカジュアルに楽しみたいもの。二大産地のノルマンディー地方とブルターニュ地方では、特産のソバ粉を使ったガレットやクレープを食べる時にシードルを添えます。土地でとれるものをいかす地域の食文化に根づいた気軽なお酒なのです。

　アルコール度数がやや高めの辛口（ドライタイプ）のシードルなら、すっきりした飲み口をいかして幅広い料理と合わせることができます。ハムや卵、サーモンに各種チーズ、キノコや炒めた玉ねぎなど好みの具をのせたガレット、シードル入りの衣にカマンベールをからめて揚げたベニエ、サンドイッチやキッシュなどともよい相性です。

　アルコール度数が低めの甘口（スイートタイプ）のシードルならば、食前酒としても楽しめるだけでなく、ティータイムのデザートと合わせてもおいしくいただけます。蜂蜜やキャラメル、アイスクリームなどをのせた小麦粉のクレープはもちろん、カラメリゼしたリンゴに、リンゴのブランデーであるカルヴァドスをたっぷりかけ、卵とクリームと合わせてタルト生地に流して焼き上げる"ノルマンディー風リンゴのタルト"など、リンゴの香る焼き菓子とも相性抜群です。

＊1　原産地呼称統制：通称AOC。ワインやチーズなど、フランスの農業製品に対して与えられる認証制度。特定の条件を満たしたものにのみ、AOCで規制された名称をつけて製造、販売することができる。

ワインよりももっと気軽に飲むお酒、シードル

産地では大ぶりのシードルカップで

シードルを蒸留したカルヴァドスのカクテル"ジャック・ローズ"

シードルとチーズは相性よし

　シードルの大産地であるノルマンディー地方には、もうひとつ、名産品があります。ノルマンディー地方はフランスきっての牧草地で酪農王国。良質な牛乳から伝統的な製法でつくられる白カビチーズのカマンベール・ド・ノルマンディ[*2]です。シードルとの組み合わせは格別。一緒に味わうと、舌の上で溶けるチーズの濃厚な風味と、シードルのさわやかな香りと独特の発酵臭、酸味の豊かさ、そして炭酸のやさしい泡立ちが、お互いを引きたたせ、口の中をさっぱりさせてくれます。

　ひと手間加えて、シードルの風味をより楽しむ方法もあります。熟成の浅い（熟成期間の短い）カマンベール・ド・ノルマンディをシードルに浸して半月ほどおく、シードル風味のカマンベール（カマンベール・アフィネ・オ・シードル・ア・ラ・メゾン）です。本来の味をいかして手を加え、新たな味をつくり出すスタイルは、フランスのチーズ専門店でよく見られます。チーズ表皮の白カビを取り除き、カルヴァドスに浸したあとパン粉をまぶし、ナッツをのせる食べ方もあります。カマンベールやノルマンディー産のチーズ（ポン・レヴェック・リヴァロなど、塩水やお酒を吹き付けながら熟成させるマイルドなウォッシュタイプのチーズ）をたっぷりのシードルに溶かした"ノルマンディー風チーズフォンデュ"も、辛口のシードルと合わせると贅沢なごちそうになります。

日本のリンゴでつくるシードル

　日本では明治時代の末頃から、青森県弘前市の酒造会社がリンゴのブランデーの醸造を始めたという記録があります。その後、大手ビールメーカーと提携してシードルの生産が始まったのが、昭和30年代の初めとされています。現在では、青森県や長野県などのリンゴ産地を中心に、国産のリンゴでつくられたシードルが数多く出回るようになりました。

　リンゴの甘酸っぱい香り、発酵でできたアルコールと果汁からくる甘み、それに加わる酸味と渋みが、シードルの味を決める重要な要素です。日本のリンゴは甘みが強い品種が多いので、仕込みに酸味の強い紅玉や渋みがある品種を少し加えるなどして味を調整すると、本格的なシードルができます。

　日本のリンゴのよさである香り高さをいかしながら、酸味や渋みで奥行きをもたせた味わいの、日本ならではのシードルをつくってみてください。

手づくりシードルは楽しい！

　手づくりのシードルは、ミネラルやビタミン、リンゴ酸や酵母が生きた味わいある飲み物です。まずは100％のリンゴジュースにイーストを加えてみましょう。イーストはワイン用イーストがおすすめです。数時間後、たくさんの細かな泡が生まれます。リンゴ果汁の糖分を、イーストがアルコー

ルと炭酸ガスに分解する、発酵の始まりです。あとは、様子見を兼ねて味見をしながら、発酵が順調に進むように温度に気をつけるだけ。仕込んで1週間ほどで完成します。ジュースが徐々にお酒になっていく過程を見るのも楽しいものです。

　スパークリングにする場合は、発酵が終わってから砂糖を少し加えて容器に詰めます。すると容器の中で再び発酵が始まり、炭酸ガスが発生してシードルに溶け込みます。1カ月ほど待てば完成です。

　本格的なシードルを目指すなら、リンゴの果実を搾ってつくります。果実を使うと、味わいも香りも一段とよくなります。さらに凝るなら、複数の品種のリンゴを使ったり、同じ品種でもサイズや熟れ具合の違うリンゴをブレンドしたりすることで、より好みに合った味わい深いシードルをつくることができます。

＊2　カマンベール・ド・ノルマンディ：ノルマンディー地方で特定の条件を満たしたカマンベールチーズだけをこう呼ぶことができる。無殺菌の牛乳を使うため、チーズにしたあとも日増しに熟成が進む。製造後4週間以降が食べごろとされ、やわらかくとろりとした舌触り、独特のコクと風味がある。

春になると白やピンクの花を咲かせるリンゴの樹（長野県小布施町）

シードルとの相性抜群のチーズ、カマンベール・ド・ノルマンディ

基本の材料

材料はリンゴ、イースト、砂糖、たったのこれだけ。基本を覚えたら、
リンゴの品種やイーストの種類を変えて、好みの味をつくっていきましょう。

リンゴ

シードルの味わいは、リンゴの甘み、酸味、
渋みのバランスで決まります。香りは、
ジュースや果実を搾ったときの香りが仕
上がりにもあらわれます。

ジュース
国産リンゴの100%ストレート果汁
がおすすめ（白濁でもクリアでも好み
のジュースを）。濃縮還元果汁でもつ
くれるが、加工されている分だけ風味
が落ちる。

生の果実
より本格的なシードルをつくる場合に。
搾った果汁を使うので、小さかったり、
傷があったり、形が整っていなくても
かまわない。好みに合わせて品種をブ
レンドしても。

イースト

イーストにはパン用をはじめさまざまな
種類がありますが、シードルにはワイン
用のイースト（ワインイースト）がおす
すめです。

ワインイースト・ドライタイプ
顆粒状で、封を切らなければ常温で製
造から3〜4年もつ。封を切ったら密
封し、冷蔵庫に入れて1〜3カ月で使
い切ること。

ワインイースト・リキッドタイプ
プラスチック容器やアルミパッケージ
入りで、シードル専用のイーストもあ
る。純粋度＊が高く、より本格的な味
になる。要冷蔵で保存期限が短め（3
〜6カ月）で、使う前にイーストの活
動を開始させる時間が必要。

＊ドライイーストの製造工程では、野生
株やほかのイーストがわずかながら混
入する。純粋度が高いイーストを使うほ
ど、雑な味わい・香りが抑えられる。

パン用イースト
入手しやすく手軽にシードルができる
が、パンを思わせるにおい（イースト
臭）が出やすい。天然酵母由来の生タ
イプのものは、比較的おいしく仕上が
る。

砂 糖

スパークリングタイプや無炭酸タイプの
シードルをつくる場合、アルコール度数を
上げたい場合に使います。グラニュー糖
や上白糖など、精製された砂糖を使うと、
雑味のない味に仕上がります。

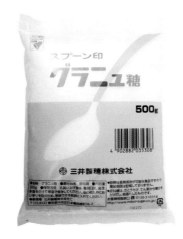

三温糖、てんさい糖、蜂
蜜やメイプルシロップな
どを使うと、風味の違い
が楽しめる。

イーストの性質で
使い分ける

シードルづくりに慣れてきたら、ワインイースト
を選ぶのもよいでしょう。赤ワイン用、白ワイン用、
スパークリング用などがあります。表のようなイ
ーストの性質を参考に選んでみてください。

商品名（例）	PREMIER CLASSIQUE（プルミエ・クラシック）	COTE DES BLANCS（コート・ド・ブラン）	PREMIER ROUGE（プルミエ・ルージュ）	PREMIER CUVEE（プルミエ・キュヴェ）	PREMIER BLANC（プルミエ・ブラン）
赤	●	●	●	●	●
ロゼ		●			
白	●			●	●
スパークリング		●		●	
フルボディ	●		●		
発酵率*1	高発酵（ドライ）	低発酵（スイート）	高発酵（ドライ）	高発酵（ドライ）	高発酵（ドライ）
アルコール耐性*2	15%まで	14%以上	15%まで	高：18%まで	高：16%以上
フレーバー*3		フルーティ		ニュートラル	ニュートラル
スタックリカバリー*4				●	●
発酵温度	15～35℃	14℃～	17～30℃	7～35℃	14℃～

*1 発酵率：甘口～辛口を左右する。基本的には、発酵前の糖度が低いと辛口、高いと甘口になる。発酵率が高いイース
トを使うとより辛口に、低いと甘口になる
*2 アルコール耐性：度数と甘みを左右する。イーストがアルコールを生成する過程で、ある度数を超えると、自ら生成
したアルコールによって、発酵ができなくなる。耐アルコール性が高いと、甘みをあまり残さず度数が上がり、耐アル
コール性が低いと比較的低い度数で発酵が止まり、甘みが残る
*3 フレーバー：口に含んで飲み込んだ時に感じる味わい、香りのこと。フルーティ、ニュートラル（雑多な香味を発生さ
せにくい）など。シンプルなフレーバーがよいか、複雑なフレーバーがよいかは好みによる
*4 スタックリカバリー：発酵が何らかの原因で中断した場合（スタック）、再発酵（リカバリー）を始めさせるスターター
としての能力

シードルづくりの流れ

この本でつくる基本のシードルは、3種類です。
それぞれのつくり方の流れは、下図のようになっています。
材料のリンゴジュースは、濃縮果汁還元よりもストレート果汁がおすすめです。

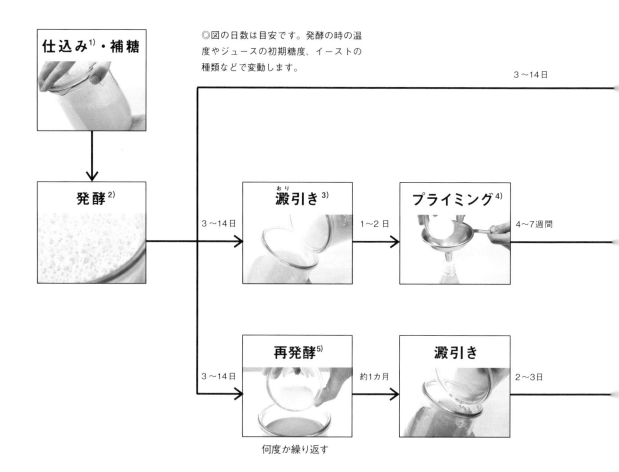

◎図の日数は目安です。発酵の時の温度やジュースの初期糖度、イーストの種類などで変動します。

3〜14日

仕込み[1]・補糖

発酵[2]

澱引き[3] おり

3〜14日

1〜2日

プライミング[4]

4〜7週間

再発酵[5]

3〜14日

約1カ月

澱引き

2〜3日

何度か繰り返す

果実を使うとより本格的に

　シードルづくりになれてきたら、リンゴから果汁を搾って使うとより本格的なシードルができます。搾ってジュースにして使うので、小さかったり傷があったり、自然災害などで落果して出荷できなくなったりしたものでもかまいません。ただし落果してから数日たったもの、土に触れたものは避けてください。虫や雑菌などが混じると、味が悪くなってしまうからです。

微発泡タイプ

リンゴ果汁にイーストを加えて発酵させた、一番シンプルなタイプ

スパークリングタイプ

微発泡タイプに少量の糖分を加え瓶詰めし、瓶内で発酵させることでシードルに炭酸ガスを溶け込ませたシュワシュワタイプ

無炭酸タイプ

リンゴ果汁に初めから糖分を加えて発酵させ、発酵途中で何度か糖分を追加することでアルコール度数や甘みを調整。アルコール度数はやや高め

1）仕込み・補糖

材料となるリンゴジュース、イースト、砂糖（無炭酸タイプの場合）を混ぜ合わせる。ジュースにイーストを入れたあと、イーストが増殖するのに必要な酸素を含ませる（エアレーション）。仕込む量が多い時は、ジュースを半分くらい入れたところでイーストを入れ、エアレーションをしてから残りのジュースを入れるとやりやすい。

2）発酵

リンゴ果汁の糖分をイーストがアルコールと炭酸ガスに分解する工程。発酵の進み具合を知るため、時々味見をして味の変化を知っておくとよい。発酵が始まったばかりの頃は、炭酸入りのリンゴジュースのような味。発酵が進むと次第に甘みが減り、その分アルコールが感じられるようになる。

3）澱引き

発酵により増殖したイーストが、瓶の底に沈殿したものが「澱」。そのままにしておくと味や色、香りが悪くなってしまうので、澱引きをして取り除く。冷蔵庫で冷やすと沈殿しやすくなる。

4）プライミング

発酵が終わりかけたシードルにさらに砂糖を加えると、シードルの中でまだ生きているイーストがはたらき、アルコールと炭酸ガスに分解する。砂糖を加えてすぐに容器に密閉すると、発生した炭酸ガスの逃げ場がないので、炭酸ガスがシードルに溶け込む。

5）再発酵

発酵が終わりかけて分解する糖分がほとんどなくなった時に、砂糖を何回かに分けて加えると、甘く、炭酸がないタイプのシードルができる。無炭酸タイプを「スティル」と呼ぶこともある。

▌微発泡＋ドライタイプ

いちばんシンプルで出来上がりも早いので、初めてのシードルづくりにおすすめ。
もちろん、つくり慣れてからも何度でも飲みたくなるフレッシュなおいしさです。

〈材料〉1ℓ分
100％リンゴジュース…1ℓ
ワインイースト…0.5g

〈道具〉
蓋付きガラス瓶、または
ペットボトル…1本

◎発酵中に泡立ってあふれることがあるため、
仕込む量より1割以上大きな容器を使う。

イーストの測り方

　1ℓ分のシードルづくりに必要なイーストは0.5gですが、正確に測るには0.1g単位で測れるデジタル式のはかりを使うとよいでしょう。デジタル式のはかりがなくても、パッケージに表示されたイーストの量から（その○分の1量と）見当をつけて入れることもできます。

　ここでは手軽につくれる分量として、出来上がりが1ℓ分のレシピを紹介していますが、もっと多く仕込めばイーストも測りやすくなります。また、多少多めに加えても大丈夫です。

〈つくり方〉

仕込み

1 きれいに水洗いして殺菌した容器にリンゴジュースを入れる。

2 イーストを加える（**a**）。雑菌が入らないように、パッケージから直接か、殺菌したスプーンで入れる。

3 イーストを入れてすぐ容器に蓋をして、よく振って泡立てる（エアレーション）。

発酵

4 常温（18〜26℃）の室内の日の当たらない場所に置いておく。発酵中は炭酸ガスが発生するので、容器が破裂しないように蓋を少しゆるめておく。

5 イーストを入れたあと、1〜数時間で発酵が始まる。さらに半日くらいたつと気泡が盛んに発生するようになる（**b**）。

6 ときどき味見をしながら2〜3日発酵させる。泡の発生がゆるやかになってきたら、味見をする。

仕上げ

7 ほどよい甘み加減になったら、蓋をゆるめた状態のまま冷蔵庫に入れる。冷蔵庫で2日ほど冷やしたら完成。澱（おり）が沈殿する。

8 澱（**c**）が入らないようにそっとグラスに注ぐ。別の容器に澱をよけて移し替えてもよい。

◎発酵の最初は、細かな気泡が上がり、次第に泡の数が増えてくる。リンゴの品種によっては、果汁に粘りがあるため液面に泡の層ができることもある。

◎発酵の条件によって、完成までの日数は3〜14日ほどと幅があります。

a

b

c

澱が入らないほど
すっきりした味の
シードルになります

▎スパークリング＋ドライタイプ

基本のシードル1の発酵が終わりかけたところで、少量の砂糖を加えてボトルに詰めます。
ボトル内で発生した炭酸ガスがシードルに溶け込み、スパークリングタイプができます。

〈材料〉1ℓ分
100%リンゴジュース…1ℓ
ワインイースト…0.5g（p68参照）
砂糖（プライミング用）…10g

〈道具〉
蓋付きガラス瓶、または
ペットボトル…2本
炭酸用ペットボトル…1本

◎発酵中に泡立ってあふれることがあるため、
仕込む量より1割以上大きな容器を使う。

炭酸の入り具合を確かめる

　炭酸が入っているかどうか、見ただけでは
判断できませんが、ペットボトルを強く押す
ことで確かめられます。炭酸が十分溶け込
んでいればパンパンになり、押してもほとん
ど変形しません。炭酸が入ったかどうか確
かめるために、途中でキャップを開けてしま
いそうになりますが、そうすると炭酸が抜け
てしまうので気をつけましょう。

〈つくり方〉

仕込み

1 きれいに水洗いして殺菌した容器にリンゴジュースとイーストを入れ、よく振って泡立てる（エアレーション・**a**）。

2 蓋を少しゆるめ、常温（18〜26℃）の室内の日の当たらない場所に置く。

発酵

3 ときどき味見をしながら2〜3日発酵させる。発酵が終わりかけ、泡の発生がゆるやかになったら冷蔵庫に1〜2日おいて冷やし、澱を沈める。

澱引き

4 殺菌した容器に**3**のシードルを、澱を舞い上げないように静かに移し替える。できるだけ空気に触れないように容器の側面に沿わせて入れる（**b-1**）。

5 冷蔵庫に入れ1〜2日おいて冷やす。澱が沈んだら、殺菌した炭酸用ペットボトルにシードルを移し替える（**b-2**）。

プライミング

6 砂糖をペットボトルに加える。じょうごを使うと入れやすい（**c**）。キャップをしっかりと閉め、砂糖が溶けるように、ペットボトルを振って撹拌する。

7 常温（18〜26℃）の室内の日の当たらない場所に、約1カ月おく。

8 ペットボトルがパンパンになったら完成。冷蔵庫で冷やして飲む。

a

b-1　　b-2

c

開栓前に振ると、
強く発泡して
あふれるので注意！

▌無炭酸 ＋ スイートタイプ

シードルの仕込みの時から砂糖を加え（補糖）、発酵を進ませます。さらに砂糖を数回に
分けて追加し、味見をしながら、度数が高めで好みの甘さのシードルをつくります。

〈材料〉1ℓ分
100%リンゴジュース…1ℓ
ワインイースト…0.5g
砂糖（補糖用）…80g
砂糖（追加用）…20〜80g

◎リンゴジュースは、白濁タイプでもクリア
タイプでも好みのものを。ここではクリアタ
イプを使用。

〈道具〉
蓋付きガラス瓶、または
ペットボトル…2本

◎発酵中に泡立ってあふれることがあるため、
仕込む量より1割以上大きな容器を使う。

<ruby>澱<rt>おり</rt></ruby>引きのコツ

　澱引きは、容器の側面にシードルを沿わせ
て移し替えます。側面に沿わせるのは、でき
るだけ澱を入れないようにし、空気にも触れ
させないためです。**7**で移し替えたあとは、
冷蔵庫で1〜4週間冷やしてから保存容器に
入れると透明度が高く、見た目も味もクリア
なシードルになります。

〈つくり方〉

仕込み・補糖

1　殺菌した容器に、リンゴジュース、イースト、砂糖80gを入れ (**a**)、よく振って砂糖を溶かし泡立てる (エアレーション)。

2　蓋を少しゆるめ、常温 (18〜26℃) の室内の日の当たらない場所に置く。

発酵

3　ときどき味見をしながら2〜3日発酵させる (**b**)。

再発酵

4　発酵が終わりかけたら味見をして、好みよりも辛口になっていたら砂糖を20g加え (**c**)、蓋をして振って撹拌する。砂糖を入れてから数時間すると、再発酵が始まる。

5　発酵が終わりかけたら味見をする。好みよりも辛口になっていたらさらに砂糖を20g加え、蓋をして撹拌する。

6　**5**を好みの甘さになるまで繰り返す。発酵が終わりかけたら冷蔵庫に入れ、約1週間おいて冷やし、澱を沈める。

澱引き

7　殺菌した容器に、**6**のシードルを移し替える。澱が舞い上がらないようにそっと扱い、容器の側面にシードルを沿わせるようにする。

8　1〜2日おいて澱が沈んだら、さらに保存用容器に**7**のシードルを移し替える。

◎無炭酸なので、保存用容器は普通のガラス瓶やキャップ式ワインボトルでよい。

好みの甘さになるまで、砂糖を追加します

▌洋ナシのシードル

あえてあまり冷やさないで飲むと、
洋ナシの濃厚な甘い香りがふわりと広がります。

RECIPE ❶

スパークリング＋ドライタイプ

〈材料〉1ℓ分
洋ナシ*…1〜2個
砂糖（前処理用）…洋ナシの重さの半量
100%リンゴジュース＋洋ナシの汁…1ℓ
ワインイースト…0.5g
砂糖（プライミング用）…10g

＊皮をむいて芯と傷んだ部分をとり、つぶしやすい大きさ
に刻む。

〈つくり方〉

1 洋ナシと砂糖（前処理用）を合わせて、フードプロセッサーなどでつぶす。鍋に入れてよく撹拌しながら弱火で加熱し、軽く沸いたら火を止めて粗熱をとる。さらしなどで汁をこす。

2 容器に1、リンゴジュース、イーストを入れ、よく振って泡立てる。蓋を少しゆるめて常温の室内に置く。

3 ときどき味見をしながら2〜3日発酵させる。泡が出なくなったら冷蔵庫に1〜2日おいて冷やし、澱を沈める。

4 澱を入れないように、別の容器に3のシードルを移し替える（澱引き）。冷蔵庫に1〜2日おいてさらに澱を沈め、炭酸用ペットボトルにシードルを移し替える。

5 砂糖10gを加えて溶かし、蓋をしっかり閉める。常温の室内に約1カ月おく。ペットボトルがパンパンになったら完成。

RECIPE ❷

無炭酸＋スイートタイプ

〈材料〉1ℓ分
洋ナシ*…1〜2個
砂糖（前処理用）…洋ナシの重さの半量
100%リンゴジュース＋洋ナシの汁…1ℓ
ワインイースト…0.5g
砂糖（補糖用）…80g
砂糖（追加用）…20〜80g

＊皮をむいて芯と傷んだ部分をとり、つぶしやすい大きさ
に刻む。

〈つくり方〉

1 洋ナシと砂糖（前処理用）を合わせて、フードプロセッサーなどでつぶす。鍋に入れてよく撹拌しながら弱火で加熱し、軽く沸いたら火を止めて粗熱をとる。さらしなどで汁をこす。

2 容器に1、リンゴジュース、イースト、砂糖80gを入れ、よく振って泡立てる。蓋を少しゆるめて常温の室内に置く。

3 ときどき味見をしながら2〜3日発酵させる。発酵が終わりかけた時に好みよりも辛口になっていたら、砂糖を20g加えて振って撹拌して溶かし、再発酵させる。

4 3を好みの甘さになるまで繰り返し、冷蔵庫に入れて約1週間おいて冷やし、澱を沈める。

5 別の容器に4のシードルを移し替える（澱引き）。冷蔵庫に1〜2日おいて冷やし、澱を沈めてさらに別の容器に移し替える。

ブドウのシードル

黒ブドウは種や皮ごと使って、色や渋みをいかします。
白ブドウはやさしい味わいに仕上がります。

RECIPE ❶
スパークリング＋ドライタイプ

〈材料〉1ℓ分
ブドウ*…200g
砂糖（前処理用）…ブドウの重さの半量
100%リンゴジュース＋ブドウの汁…1ℓ
ワインイースト…0.5g
砂糖（プライミング用）…10g

＊傷んだ実や軸を外した、正味の重さ。白ブドウは皮と種を
除き、黒ブドウはそのまま使う。

〈つくり方〉
1 ブドウと砂糖（前処理用）を合わせてフードプロセッサーなどでつぶす。鍋に入れてよく撹拌しながら弱火で加熱し、軽く沸いたら火を止めて粗熱をとる。さらしなどで汁をこす。
2 容器に1、リンゴジュース、イーストを入れ、よく振って泡立てる。蓋を少しゆるめて常温の室内に置く。
3 ときどき味見をしながら2〜3日発酵させる。泡が出なくなったら冷蔵庫に1〜2日おいて冷やし、澱を沈める。
4 澱を入れないように、別の容器に3のシードルを移し替える（澱引き）。冷蔵庫に1〜2日おいてさらに澱を沈め、炭酸用ペットボトルにシードルを移し替える。
5 砂糖10gを加えて溶かし、蓋をしっかり閉める。常温の室内に約1カ月おく。ペットボトルがパンパンになったら完成。

RECIPE ❷
無炭酸＋スイートタイプ

〈材料〉1ℓ分
ブドウ*…200g
砂糖（前処理用）…ブドウの重さの半量
100%リンゴジュース＋ブドウの汁…1ℓ
ワインイースト…0.5g
砂糖（補糖用）…80g
砂糖（追加用）…20〜80g

＊傷んだ実や軸を外した、正味の重さ。白ブドウは皮と種を
除き、黒ブドウはそのまま使う。

〈つくり方〉
1 ブドウと砂糖（前処理用）を合わせて、フードプロセッサーなどでつぶす。鍋に入れてよく撹拌しながら弱火で加熱し、軽く沸いたら火を止めて粗熱をとる。さらしなどで汁をこす。
2 容器に1、リンゴジュース、イースト、砂糖80gを入れ、よく振って泡立てる。蓋を少しゆるめて常温の室内に置く。
3 ときどき味見をしながら2〜3日発酵させる。発酵が終わりかけた時に好みよりも辛口になっていたら、砂糖を20g加えて振って撹拌して溶かし、再発酵させる。
4 3を好みの甘さになるまで繰り返し、冷蔵庫に入れて約1週間おいて冷やし、澱を沈める。
5 別の容器に4のシードルを移し替える（澱引き）。冷蔵庫に1〜2日おいて冷やし、澱を沈めてさらに別の容器に移し替える。

◎ブドウは煮詰めすぎると香りが悪くなるので短時間ですませる。

シードルQ&A

Q 発酵中に常温（18〜26℃）に
おくのはなぜですか?

A イーストがもっともスムーズに発酵
できる温度帯だからです。イースト
の種類にもよりますが、この温度から外れ
ると、うまく発酵しなかったり、雑なフレ
ーバーのシードルになったりします。

Q 泡があまり出ません。
発酵が進んでいないのでしょうか?

A シードルは、発酵中に泡があまり出
ないことが多いです。まずは発酵し
ているか、いないかを確認します。
❶目をこらして、液面をよく観察してくだ
さい。微細な泡が下から上がってきていな
いでしょうか?
❷発酵容器の底を観察してください。乳
白色の澱（発酵終了して浮力を失って沈殿
したイースト）がたまっていないでしょう
か?
❸味見をしてください。イースト投入前と、
甘みなどが変わってきていないでしょう
か? 炭酸ガスのシュワシュワとした感じ
やアルコール分を感じないでしょうか?
もし、上記のどれにも該当しない場合は、
発酵がうまく進んでいないと思われます。
発酵がうまく進まない原因は温度が低い場
合が大半です。暖かいところに移動させて
様子を見てください。
　あるいは、気づかない間に発酵が終わっ
ていた可能性もあります。容器の底に澱が

たまっていたり、飲むとアルコール分を感
じるのに微細な泡が発生していない場合、
発酵は終了しています。

Q リンゴ果実を使うよさは?

A なんといっても出来上がりの味わい
や香りのよさが違います。さらに、
どの品種を加えるかで、味や香り、酸味や
渋みを調整できる面白さがあります。

Q 濃縮還元のジュースは
使えますか?

A もちろん使えます。ただし、ジュー
スは手を加えたものであればあるほ
ど味わいや香りが弱くなります。
　濃縮還元のジュースは搾った果汁の水分
を蒸発させて濃縮し、パッケージに詰める
時に水を加えてジュースに戻しています。
　その工程で香りが弱くなるため、香料な
どを添加する場合が多いので、できれば搾
っただけのストレート果汁を使うことをお
すすめします。

Q シードルの「澱」とは？

A 澱は、発酵が終わって活動しなくなったイーストや、果物の成分の中の固形分が沈んだものです。発酵中は自らが生成した炭酸ガスが浮力となって液中を浮遊していますが、発酵が終わると炭酸ガスが発生しないため浮力を失って沈みます。温度が低ければ低いほど、イーストは早く沈殿する性質をもっています。発酵が終わったシードルは冷蔵庫に入れて冷やしてイーストを沈殿させてから澱引きをすると、より短時間でクリアなシードルができます。

Q 「澱引き」の作業は必要ですか？

A 発酵が終わって間もない時は、まだ無数のイーストがシードルの中を漂っています。これらのイーストは、時間がたつにつれて少しずつ沈殿していき、クリアなシードルになっていきます。この澱を取り除く作業が、澱引きです。

澱引きで濁りをどこまで除くかは、お好み次第です。イーストが少し混ざっていると味わいがやわらかいと感じる方、クリアなシードルのすっきり感を好む方もいます。イーストには健康に有用な成分が多く含まれていますので、過度にクリアにする必要はないと思います。ただしあまり濁っているとイーストの味や香りが強くするので、澱引きは最低1回は（本書では2回）行なってください。

Q 瓶詰めしてから、どれくらい保存できますか？

A シードルを保存できる期間は、レシピや環境で大きく違ってきます。アルコール度数が高いシードルほど、長期保存できます。

目安として、冷暗所の場合、通常のシードル（アルコール度数が4%程度）で半年〜1年くらい、さらに度数が高いもので数年間は保存できます。

Q 未熟なリンゴ、酸っぱいリンゴでもつくれますか？

A 甘いリンゴだけでなく、酸味があったり、熟度が違ったりするリンゴを混ぜるほうが、シードルの味に深みが出ます。家にリンゴの樹がある方は、落果した果実を使ってもよいでしょう。ただし落果してから数日たったもの、土に触れたものは避けます。虫が入っていたり雑菌などが混ざると、シードルの味を悪くすることがあるためです。

ミード
──蜂蜜のお酒

蜂蜜を発酵させたお酒はミードと呼ばれます。

蜂蜜の種類を替えたり、果物を加えたりすれば

さまざまな味わいが楽しめます。

5年以上熟成させると、黄金色に輝き甘い芳香を放ちます。

熟成させるほどおいしくなるので、気長に待ちましょう。

ミディアムスイートミード

ここでは入手しやすくクセが少ないアカシア蜂蜜を使いますが、種類を替えれば
味わいの違いが楽しめます。熟成に最低半年かけ、まろやかな味に仕上げます。

〈材料〉1ℓ分
アカシア蜂蜜（ほかの種類の蜂蜜で
も可）…360g
水…0.8ℓ
レーズン*（小さめに切る）…約20粒
ワインイースト…0.5g

*蜂蜜にはイーストが活動するのに必要な栄
養素が不足しているため、レーズンを入れる。
欧米では市販の酵母栄養剤を使うのが一般的。

〈道具〉
鍋、玉じゃくし、温度計
蓋付きガラス瓶または
ペットボトル…2本
保存用瓶（ワインボトルなど）

ハネムーンのお酒

　"ミード"の歴史は古く、およそ1万4000年前に人類が初めて巡りあった最古のお酒といわれます。古代から中世のヨーロッパでは、蜂蜜の強壮作用や蜂の多産にあやかって、結婚したばかりの新郎に1カ月間、蜂蜜酒を飲ませ、新婦の外出を控えさせて子づくりに励んだという話があります。ここから「蜜月（Honeymoon）」の言葉が生まれたとされています。

　ハーブやスパイスを加えて醸造したミードをメセグリン（metheglin）といいます。ウェールズ語やアイルランド語で"薬用酒"を意味し、血行をよくして熟睡できる体力回復のお酒とされていたそうです。

〈つくり方〉

仕込み

1 鍋に蜂蜜、分量の水、レーズンを入れ、加熱する。温度を測りながら玉じゃくしなどでよく撹拌して、蜂蜜を完全に溶かす。

2 65℃になったらいったん火を止め、2分ほどおいて温度を測る。70℃以下ならば、よく撹拌しながら火をつけ70℃まで加熱する（**a**）。蜂蜜の香りは飛びやすいので、70℃以上にならないようにする。

3 シンクやたらいに水を張り、鍋をつけてできるだけ早く冷やす。氷を使うとなおよい。早く冷却するほど、透明度が高く雑味の少ない上質なミードができる。

4 温度が35℃以下になったら、鍋の中身をレーズンごと容器に移す。

5 イーストを加え、撹拌して空気を混ぜる（エアレーション）。

発酵

6 イーストを投入後、数時間以内に発酵が始まる。蜂蜜の種類によって、ほとんど泡が出ない静かな発酵もあれば、液面に泡の層ができることもある。

7 2週間〜1カ月で発酵がおさまる（**b**）。細かい泡が発生しなくなったら発酵終了。そのままさらに1週間おき、澱を沈める。

澱引き

8 レーズンかすや底に沈んだ澱をよけ、できるだけ空気を巻き込まないように、別の容器に静かに移し替える。できればサイフォン（p49）を使うとよい。

ビン詰め・熟成

9 移し替えた**8**を保存用瓶に詰め（**c**）、1カ月冷暗所におく。澱がさらに沈んで、透明度の高いミードができる。

10 そこからさらに、最低でも合計で半年は冷暗所で熟成させる。2〜3年熟成させると、きついアルコールの香りがやわらかな香りに変化し、透明度が増す。

アップルミード
ラズベリーミード

蜂蜜の甘さとまろやかさに果物の個性が加わって、
深い余韻のある味わいに。

〈材料〉1ℓ分

【アップルミード (写真左)】
リンゴジュース…800㎖
アカシア蜂蜜 (ほかの種類の蜂蜜で
も可)…360g
レーズン (小さめに切る)…約20粒
ワインイースト…0.5g

【ラズベリーミード (写真右)】
ラズベリー (冷凍か生)
　…100〜150g
水…ラズベリーを加えて800㎖に
　する
アカシア蜂蜜 (ほかの種類の蜂蜜で
も可)…360g
レーズン (小さめに切る)…約20粒
ワインイースト…0.5g

〈つくり方〉

1　鍋にリンゴジュースまたはラズベリー＋水
　を入れ、蜂蜜、レーズンを加えて加熱する。
　温度を測りながら玉じゃくしなどでよく撹
　拌して、蜂蜜を完全に溶かす。

2　65℃になったらいったん火を止め、2分
　ほどおいて温度を測る。70℃以下ならば、
　よく撹拌しながら火をつけ、70℃まで加
　熱する。

3　シンクやたらいに水を張り、鍋をつけて冷
　やす。氷を使うとなおよい。

4　温度が35℃以下になったら、鍋の中身を
　容器に移す。

5　ワインイーストを加え、撹拌して空気を混
　ぜる (エアレーション)。

6　イーストを投入後、数時間以内に発酵が始
　まる。2週間〜1カ月で発酵がおさまる。

7　液面を観察して、細かい泡が発生しなくな
　ったら発酵終了。そのままさらに1週間放
　置し、澱を沈める。

8　レーズンかすや底に沈んだ澱をよけて、空
　気を巻き込まないように別の容器に移し替
　える。

9　そのまま2週間、冷暗所におく。澱がさら
　に沈んで、透明度の高いミードができる。

10　保存用瓶に移し替え、冷暗所で半年〜1年
　熟成させる。

◎数年おくと果物のフレーバーが失われていくので、熟成期
間は半年〜1年でよい。

ミードQ&A

Q ミードにはどんな種類が
ありますか?

A 蜂蜜を発酵させたお酒、ミードは別
名ハニーワインとも呼ばれます。甘
みの強さ・弱さで「ドライミード」「ミディ
アムスイートミード」「スイートミード」な
どに分けることができます。また、炭酸ガ
スが入ったスパークリングタイプのミード
や、ハーブやスパイス、フルーツを加えた
ミードもあります。

本書では使う蜂蜜の量が少なく熟成期間
が比較的短めなことなどを考慮して、ミデ
ィアムスイートミード(炭酸なしのタイプ)
を基本のミードとして紹介しています。

Q 蜂蜜は何を使えば
よいでしょうか。

A 本書では、入手しやすくクセが少な
いアカシア蜂蜜を使いましたが、種
類を替えればさまざまな味わいのミードを
楽しむことができます。とくに基本のミー
ドは、使う蜂蜜のフレーバーが味にそのま
ま表れます。れんげ、クローバー、ミカン、
百花蜜など、どの蜂蜜を使うかは好みです。
たとえばオレンジの花から採集したオレン
ジ蜂蜜でつくったミードは、心地よいオレ
ンジの香りがします。ミードととても相性
がよいので、ぜひ試していただきたい蜂蜜
のひとつです。蜂蜜の質のよしあしで出来
上がりが左右されるので、加糖されていな
い純粋なものをおすすめします。

フルーツミードの場合は、果物のフレー
バーが加わるので蜂蜜そのものの香りにあ

まりこだわらず、クセが少なく入手しやす
い蜂蜜(アカシア、百花蜜など)を使うと
よいでしょう。

Q 仕込むときに加熱するのは
なぜですか?

A 蜂蜜は非加熱製品なので野生の酵母
や雑菌がいることがあり、殺菌のた
めに70℃まで加熱します。70℃以上に加
熱しないのは、揮発性の香りをできるだけ
飛ばさないようにするためです。

Q 発酵が終わったあとでも、
味の調整はできますか。

A 発酵が進んで味がドライ(辛口)にな
りすぎてしまったら、蜂蜜を加えて、
好みの甘さにしたり度数を上げたりするこ
とができます。

また渋みと酸味が加わると味に深みが出
ます。仕込む前に濃くいれた紅茶を混ぜて
渋みを足したり、発酵が終わってからレモ
ン汁を加えて酸味を足したりもできます。
出来上がってからでも味を比較的自由に調
整できるところが、ミードづくりのおもし
ろさです。

キッチンブルーイング
心得帳

KITCHEN BREWING

ドリンクづくりのための発酵の原理

人類は太古から、発酵を利用して多くの発酵食品をつくってきました。

発酵によって消化性を高めたり、味をよくしたり、保存性を高めたり。

漬物やチーズ、アンチョビ、サラミなどの保存食や、味噌・醤油、豆板醤やナンプラーなどの調味料、そしてお酒からお茶などの飲料まで、人間の食生活の豊かさはこれら発酵食品抜きでは考えられません。

また発酵食品を食べることで、生きた微生物群「プロバイオティクス (probiotics)」を体に取り込むことになり、腸内フローラのバランスが改善され、健康にとって実に多くの有益な作用をもたらしています(p28参照)。

本書では、発酵を利用した各種のドリンクづくりを紹介しています。ここでは、その原理、仕組みをまとめておきます。

❶酵母(イースト)による発酵(アルコール発酵)

酵母は自然界のどこにでもいる微生物です。果実や花びらなどに、さまざまな種類の酵母が付着しています。この酵母が、糖分をアルコールと炭酸ガスに分解するのがアルコール発酵です。お酒づくりのもっとも基本的な仕組みです。

ブドウ果実をつぶして放っておけば、自然にアルコールが生成されてワインができます。ブドウの果皮などに多く付着している酵母が果汁の糖分を発酵させてアルコールと炭酸ガスに分解するからです。

蜂蜜や樹液が木のくぼみに溜まり雨で薄められ、酵母による発酵でできた飲み物がミードで、最古のお酒とされています。

酵母がはたらくアルコール発酵では、アルコールと炭酸ガスが生成されます。アルコールの度数は、果汁や麦汁の糖分が多く、発酵の時間が長いほど高くなります。糖分を少なくしたり、早く冷蔵庫に入れて発酵を切り上げるなどすればアルコール度数は低くなります。できたドリンクの炭酸の強弱は、どれだけの糖分をどれだけの期間、密閉容器の中で発酵させたかによって変わります。

なお、アルコール発酵は嫌気性 (酸素がいらない) 発酵ですが、発酵前の増殖 (細胞分裂を繰り返して個体数を増やす) フェーズは好気性で、酸素が必要です。酵母を加えてから撹拌したりする工程があるのはそのためでもあります。

❷麹菌(麹カビ)による発酵と麦芽による糖化

麹菌は、麹をつくるための糸状菌の総称です。なかでも日本の麹菌は「コウジカビ」と呼ばれ、日本の「国菌」に認定されています。味噌や醤油、酢にみりん、どぶろくや日本酒など、麹は日本の食の土台をつくっているのです。

麹菌はさまざまな酵素をつくります。例えばプロテアーゼはたんぱく質をアミノ酸に分解します。アミラーゼはでんぷんを糖に分解(糖化)します。これらの酵素が作用して、食材をやわらかくしたり、うま味や甘みをつくり出します。麹がご飯のでんぷんを糖化し、甘みが出た状態で飲料として飲みやすい濃度にしているのが甘酒です。

酵母は果実などが含む糖をエサにアルコール発酵をしますが、穀物やいもなどの主成分であるでんぷんは分子のサイズが大きすぎてエサにできません。しかし麹が穀物やいものでんぷんを糖に分解してくれると、アルコー

ル発酵ができるようになります。

麹菌はカビの仲間なので高温多湿の環境を好みます。アジアでカビを使ってつくるお酒が多いのはこのためでもあります。

一方、冷涼で乾燥した気候が多い地域では、麹菌による発酵はあまり広がりませんでした。代わりに麦芽がもつ酵素のはたらきで、麦やその他の穀物等のでんぷんを糖化してから酵母でアルコール発酵をする方法が伝えられてきました。ビールやウイスキーがその例です。

ここで、発酵の方式を整理しておきます。ワインやシードルなど、もとからある糖分を酵母が分解してドリンクをつくる方式を「単発酵」、でんぷんを麹やその他の酵素などによって糖に分解（糖化）してから、酵母によってアルコール発酵を進める方式を「単行複発酵」、糖化とアルコール発酵を同時に進めてドリンクをつくる方式を「並行複発酵」と呼んでいます。本書で紹介しているドリンクは、ワインやシードル、ミードが単発酵、ビールは単行複発酵、スパークリング甘酒や日本酒、マッコリは並行複発酵でつくられます。

❸乳酸菌による発酵（乳酸発酵）

乳酸菌がつくる発酵食品にはヨーグルトやチーズといった乳製品、あるいは白菜漬けやキムチ、ザワークラウトのような漬物があります。乳酸菌も酵母と同様に糖をエサにして活動しますが、生み出すのはアルコールや炭酸ガスではなく、乳酸やアミノ酸です。乳酸のはたらきでpHが下がり（＝酸性度が上がり）、雑菌を抑制することができ、保存性が高まり、発酵前にはなかった味が加わります。

本書では、ホエーやヨーグルトを使ったレモネードやジンジャーエールが乳酸発酵の例になります。

どぶろくや日本酒にも乳酸菌を利用する仕込み方があります。例えばどぶろくでは、米と麹を混ぜ、甘酒をつくってから乳酸菌を加えます。そうすると乳酸発酵によって甘酒のpHが下がり、有益でない細菌類の増殖を抑えることができます。この後に酵母を投入してアルコール発酵させます。なお、乳酸発酵も嫌気性発酵ですので、発酵中はできるだけ空気に触れないようにすることで好気性細菌の増殖を抑えることができます。

❹酢酸菌による発酵（酢酸発酵）

糖を好む微生物はたくさんいますが、酵母がアルコールをつくったり、乳酸菌が乳酸をつくると、他の微生物の活動は抑制されます。しかし、中にはアルコールを好んでエサにする微生物もいて、酢酸菌がそのひとつです。

酢酸菌は自然界に広く存在していて、アルコールから酢酸をつくります。ワインを放置しておくとワインビネガーになるのは、酢酸菌のはたらきです。酢酸は酢の主成分で、乳酸と同様にpHを下げることでほかの微生物が活動できなくなります。酢はお酒の最終形態とされています。この酢酸発酵は好気性で、発酵に酸素を必要とします。

本書には酢酸菌はあまり登場しませんが、コンブチャをつくるスコビーは酢酸菌や酵母の複合体です。甘い紅茶液の糖を、スコビーの中の酵母がアルコールに変え、そこから酢酸菌が酢酸をつくることでコンブチャの酸っぱさが生まれています。

基本の道具

仕込む工程やつくる種類によって容器が変わります。その違いを押さえておきましょう。
炭酸を発生させる工程があるスパークリングタイプには、炭酸用ペットボトルが必須です。

発酵用・澱引き用容器

発酵させる時や、発酵が終わったドリンクの澱を除くために移し替える（澱引き）時に使います。蓋付きのものならば、ガラス瓶、陶器、ペットボトルなど、好みのものを使ってください。

> 仕込んでいる色が見えやすいように、透明なものがおすすめ

発酵中に炭酸ガスで泡立ち、容器からあふれることがあるので、最初に仕込む量より1割以上容量が多いものを選ぶ（1ℓのジュースで仕込むなら、容器は1.1ℓ以上で）。

スパークリング用容器

スパークリングタイプのドリンクを仕込む際、発生した炭酸ガスを溶け込ませるための保存容器です。炭酸用以外のペットボトルでは、変形や破裂のおそれがあるので注意してください。

> しっかり蓋ができ内部からの圧力に耐えられるものを

炭酸ガスの圧力を分散させてボトルの形状が保てるように、底が5本脚になっている。キャップを開ける時に炭酸を逃がすために、口のネジ山部分にスリットが入っているのが特徴。

搾る・入れる

澱引きなどの作業がしやすくなる、あると便利な道具です。

さらし

果物をつぶして搾ったあとや、前処理をしてジュースをとる時に使う。

じょうご

シードルを、澱引き用容器からペットボトルに移し替える際にあると便利。

殺菌

お酒づくりに雑菌は大敵。道具の殺菌はとても大切です。

台所用の塩素系漂白剤（液体）

加熱できない容器・器具を殺菌するときに使う。

アルコール除菌スプレー

スプーンのような小物を殺菌する。全体にまんべんなくスプレーすること。

道具の殺菌のやり方

容器、蓋、じょうご、スプーンなど、果汁が触れるものはすべて殺菌してから使ってください。ペットボトルやサイフォン用のチューブなど、加熱できないプラスチックやビニール製の道具を使う場合を考えて、漂白剤を使った殺菌の仕方を紹介します。

道具は殺菌液にしっかり沈める

小物はスプレーによるアルコール除菌でもよい

1 殺菌液をつくる

水1ℓに対し、台所用の塩素系漂白剤（液体）3mℓを加える（0.3%濃度）。粉末の塩素系漂白剤や酸素系漂白剤の場合は、製品に表示されている使い方に従う。

2 殺菌する

容器や器具をきれいに洗い、殺菌液に完全に浸して10分以上おく。ペットボトル、ガラス瓶は口いっぱいに殺菌液を満たして殺菌する。スプーンのような小物は、市販のアルコール除菌スプレーも可。その場合は全体にまんべんなくスプレーすること。

3 洗う

10分以上殺菌液につけたら、殺菌液を捨て、容器や器具を水道水でよくすすぐ（雑菌が入る原因になるのでスポンジなどは使わない）。ホコリが入らないように、清潔な布巾などの上にふせておく。

もっと楽しくなる道具

ドリンクづくりに慣れてきたら、あればますます楽しめる道具を集めました。
ワインボトルに詰めてコルクを打ち、キャップシールでお化粧をすれば、
プレゼントしても喜ばれます。

仕込む

グラスジャグ

少量の仕込みや熟成保存させる時に使います。ガラスは雑菌が付きにくく、内容物の酸化もしにくくなります。

フルーツプレス

シードル用。リンゴ果実からジュースを搾る道具で、リンゴを細かく砕いてから、フルーツプレスにかけて果汁を搾ります。たくさん仕込む時に便利です。

糖度を測る

比重計

果汁の比重を測定して糖度を測ります。果汁が50 mℓくらい必要ですが、終了比重も測定できます。初期比重と終了比重から、アルコール度数を求められます。

糖度計

発酵前に、果汁がどれくらいの糖分を含んでいるかがわかります。補糖の最適な量が計算できます。数滴の果汁で測定できますが、どこまで発酵したか（終了比重）は測れません。

発酵

エアーロック、ストッパー

発酵栓とも呼ばれます。エアーロックを使うと、発酵中に発生した炭酸ガスを逃がしながら、外気の侵入を防ぐことができます。発酵容器の蓋に適当な穴を開け、ストッパー（穴あきのゴム栓）を差し込んでからエアーロックを差し込みます。

澱引き（おり）

ラッキングチューブ

やわらかい銅製の管を曲げます。ボトル詰めなどの時、シリコンチューブの先端につけるとチューブが安定し作業が楽になります。先端をつぶして2cmほど上にスリットを入れると、澱除けに便利です。

シリコンチューブ

澱引きや、ボトル詰めの時に使います。ビニールチューブと違って曲げてもクセがつかず、煮沸殺菌できるので便利です。

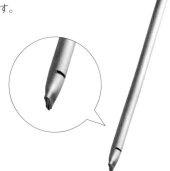

ボトルフィラー

先端に弁がついたパイプで、移し替えの作業を楽にします。ボトルの底に押しつけている間だけ液体が流れる仕組みです。

ボトルに詰める

ビールボトル、ワインボトル
ビールボトル、ワインボトル

ガラスは酸素を通しにくいので、保存性も見た目もよくなります。打栓器を使わずに栓ができる、バネ式のボトルもあります。

王冠やコルクで栓をすると本格的な仕上がりです

打栓器

コルクを打つワイン用（上）と王冠をかぶせるビール用（左）があります。

ボトルにかぶせてドライヤーで熱すると、縮んで締まります

キャップシール

コルクをしたボトルにかぶせてきれいに見せたり、カビの発生を防止したりします。

コルク、王冠

打栓器を使ってボトルに栓をします。

道具の入手先、詳しい使用方法などはアドバンストブルーイング（p96参照）にお問い合わせください。

ここがポイント！ おいしくつくるために

発酵ドリンクづくりでは洗浄と殺菌がとても重要です。
洗浄と殺菌が不十分な場合、カビが生えたり雑菌が増殖し、
予期しない結果になることがあります。洗浄と殺菌は2段階に分けて考えます。

洗浄

　洗浄が不十分だと、殺菌も十分にできません。洗剤とスポンジなどを使って丁寧に綺麗に洗浄します。

　ただ、プラスチック製の発酵容器は例外です。プラスチックの表面に傷がつき、そこから雑菌が増殖しやすくなるので、スポンジなどでの洗浄は避け、酸素系漂白剤に浸して洗浄します。「キッチンハイター酸素系（顆粒状）」「酸素系漂白剤」「OXI CLEAN」等の商品名で売られています。

殺菌

（1）塩素系漂白剤

　発酵容器やお玉など、ドリンクに触れるものはすべて、洗浄してから殺菌します。鍋など、あとの工程で加熱するものは殺菌する必要はありません。

　殺菌には塩素系漂白剤を使います。塩素系漂白剤は強アルカリ性でたんぱく質を溶かす作用があり、細菌等の除去力が強力です。洗浄で酸素系漂白剤を使った場合でも、より作用の強い塩素系漂白剤で殺菌します。「キッチンハイター（塩素系）」「キッチンブリーチ」などの商品名で売られています。プラスチックやペットボトル、ステンレス、チューブ類は塩素系漂白剤に15分以上つけておきます。

（2）アルコール

　台所用のアルコールスプレーを補助的に使います。殺菌済みのパーツを手で触ったところにスプレーをかける等の使い方をします。あくまでも補助で、発酵容器にアルコールをスプレーしただけでは十分な殺菌効果は得られません。

（3）煮沸

　シリコンチューブやステンレス製品は煮沸殺菌も可能です。対象物がすべて浸った状態で10分以上煮沸してください。

　部屋を舞っている埃（ほこり）にも雑菌が潜んでいます。殺菌した容器はそのまま放置せず、ラップをかけて埃が付着しないようにするなどしてください。

温度

　発酵ドリンクをおいしくつくる重要な条件は「温度」です。酵母や乳酸菌、酢酸菌、麹菌などそれぞれに適切な温度があります。本書記載の温度に合わせることが重要です。

澱（おり）引き

　ビールやシードル、ワインをつくる際にできる「澱」はイーストやホップかす、不要なたんぱく質等の固形分が沈殿したもので、発酵容器の底や瓶詰めした瓶の底にたまります。澱がたくさん混ざると、本来求めているドリンクとは別の味と香りの固形物を混ぜて飲んでいる状態です。移し替えや瓶詰めは静かに丁寧に行ないましょう。

オーバーカーボネーション（過炭酸）

　ビールをつくっていると、何らかの条件で炭酸ガスが過多になることがあります。そんなビールは開けた途端にほとんどふき出したり、澱が舞い上がり、台無しになってしまいます。

　もし、オーバーカーボネーションだとわかったら、無理に開けず、王冠やキャップをわずかにゆるめ、じわじわとガスが抜ける状態にして、冷蔵庫に30分ほど入れておきましょう。

本書は2023年4月1日発行「別冊うかたま 自家醸造を楽しむ本」を書籍化したものです。

アドバンストブルーイング合同会社

1999年設立。技術、開発担当の相澤宏之（左）と、代表で日本ソムリエ協会ワインエキスパートの櫻井なつき（右）。クラフトビール、シードル、ワインほか、自家製発酵飲料関係の材料やキットをインターネットで販売する自家醸造専門店。著書に、『リンゴのお酒 シードルをつくる』（農文協）『自分でつくる最高のビール』（マイナビ出版）。
http://advanced-brewing.com
メール：brew@amy.hi-ho.ne.jp

うかたま BOOKS

自家醸造を楽しむ本

ジンジャーエール・マッコリ・シードルから
ビール・コンブチャ・テパチェまで発酵ドリンク30種

2023年10月10日　第1刷発行

著　者　　アドバンストブルーイング

発行所　　一般社団法人 農山漁村文化協会
　　　　　〒335-0022　埼玉県戸田市上戸田2-2-2
　　　　　☎048-233-9351（営業）
　　　　　☎048-233-9372（編集）
　　　　　FAX048-299-2812
　　　　　振替　00120-3-144478
　　　　　https://www.ruralnet.or.jp/

DTP　　　株式会社 農文協プロダクション

印刷・製本　凸版印刷株式会社

＜検印廃止＞
ISBN 978-4-540-23143-8
©アドバンストブルーイング2023　Printed in Japan

定価はカバーに表示
乱丁・落丁本はお取り替えいたします。

うかたま
WEBサイト　http://ukatama.net

@uktmつぶやいています
http://twitter.com/uktm

★Facebookもやってます
www.facebook.com/ukatama

〈初出一覧〉
p4〜25　『うかたま』2022年夏（67）号「ホームメイド発酵ドリンク」
p26〜41　『うかたま』2022年秋（68）号「自家製発酵ドリンク“コンブチャ”」
（ただしフレーバーコンブチャのg、h、iは本書オリジナル）
p42〜57　『うかたま』2023年冬（69）号「鍋ひとつでつくる冬のビール」
（ただしp56〜57は本書オリジナル）
p58〜95　『別冊うかたま　手づくりする果物のお酒』（2015年4月号）
（のち、単行本『リンゴのお酒　シードルをつくる』として発売）より抜粋
（ただしp88〜89、p95は本書オリジナル。p92〜94は加筆）

〈参考文献〉
Scott Janish著『The New IPA: Scientific Guide to Hop Aroma and Flavor』（ScottJanish.com）／Joe Fisher & Dennis Fisher著『THE Homebrewer's GARDEN』（Storey Publishing）／三輪一記・石黒謙吾著『ベルギービール大全』（アートン）／貝原浩・新屋楽山・笹野好太郎著『諸国ドブロク宝典』（農文協）／アドバンストブルーイング著『自分でつくる最高のビール』（マイナビ出版）

撮影：小林キユウ（p1〜57、p92糖度計、p93ラッキングチューブ、
　　　p94ワイン用打栓器、p96）　高木あつ子（p59〜95）
スタイリング：本郷由紀子
デザイン：兼沢晴代

「うかたま」は、食べものの神様、宇迦之御魂神（ウカノミタマノカミ）にあやかり、古くから日本ではぐくまれてきた食の知恵や暮らしのあり方を受け継いでいきたい、そんな思いから、つくった言葉です。

キャラクターデザイン＝鈴木麻子